그가 있기에
내 영혼을
스스로 귀중히 여김
이런 일이
그에게도
일어나기를

김남조

사랑하리, 사랑하라

김남조 시 / 윤정선 그림

예술의기쁨

작은 만남

작은 만남이여
골짜기의 물꼬를 문득
이리로 돌렸네

벌한 다발 열쇠 꾸러미
자물쇠마다 열어놓으니
은밀한 내 마음 옷 벗은 채
반짝반짝 드러나고
바닥에 잠겼던 말들
생금가루 털며 솟아오르고

이를 어쩌나 어쩌나
작은 만남이여
저는 이름도 하나 없이
그나마 돌담 저켠을 서성이면서
내 눈 밝혀
내 마음 밝혀
실핏줄 하나까지 알게 하느니

작은 만남이여
놀랍고 가슴 아파라
작은 사랑이여

출 발

남은 사랑 묻어줄
새 친구를 찾아 나서련다
거창한 행차 뒤에
물피리를 불며 가는
어린 목동을 만나련다
깨끗하고 미숙한
청운의 꿈과
우리 막내둥이처럼
촉촉하고 외로운
사춘기를

평생의 사랑이
아직도 많이 남아
가슴앓이 될 뻔하니
추스르며 추스르며
길 떠나련다
머나먼 곳 세상의 끝까지도
가고 가리라

남은 사랑
다 건네주고
나는 비어 비로소
편안하리니

저무는 날에

날이 저물어가듯
나의 사랑도 저물어간다

사랑의 영혼은
첫날부터 혼자이던 것
사랑도 혼자인 것
꿈꾸며 오래오래 불타려 해도
줄어드는 말랑
이윽고 불빛이 지워지고
재도 하나 안 남기는
촛불 같은 것

날이 저물어가듯
삶과 사랑도 저무느니
주야사철 보고 싶던 그 마음도
세월 따라 늠실늠실 흘러가고
사랑의 사랑
끝날엔 혼자인 것
영혼도 혼자인 것

혼자서 크신 분의 품안에
눈 감는 것

Greeeting | 인사말

김세중미술관 기획 시화집
『사랑하리, 사랑하라』를 출간하며

김세중미술관은 2023년 3월 기획전으로 김남조 시인의 시화선집 「사랑하리, 사랑하라」(2006년 랜덤하우스코리아 출간)에 수록된 아름다운 시와 윤정선의 그림을 시화전으로 풀어낸 「사랑하리, 사랑하라」展을 개최한 바 있습니다. 그 후 시화전 도록을 구하고자 하는 많은 분들의 요청에 부응하고자 도록을 시화집으로 정식 출간하게 되었습니다. 시인의 생전 모습을 담은 사진들도 추가하였습니다.
시인께서 이 전시를 행복해하시며 여러 차례 미술관에 방문하셨고, 그 몇 달 후부터 건강이 크게 악화되어 우리 곁을 떠나셨기에 결국 마지막 시화전이 되고 말았습니다. 평생을 "사랑하리, 사랑하라/ 그대의 순정과/ 그대 사랑하는 이의 순정으로/ 그 더욱 사랑하고, 사랑하라" 하신 사랑의 시인을 오래도록 기억하고 널리 함께 기리고자 합니다.

김세중미술관장 김 녕

사랑의 민감함과 순정성으로

　사랑은 정직한 농사

　이 세상 가장 깊은 데 심어

　가장 늦은 날에

　싹을 보느니

　사랑은 인내와 기다림에서 자랍니다. 이때 바람 드세어도 꺼지지 않을 믿음의 등불을 밝힙니다. 그러나 때때로 "사랑은 귀한 능력, 내겐 그 힘이 없다"고 비통하게 고백하면서 허약을 자인하려 합니다.

　그렇긴 해도 물러섬이 아니고 어느 동안 멈추었다가 다시금 가던 길을 이어 걸어갑니다. 사랑이란 쉬어가기는 하되 필연 가고야 마는 먼 여행길입니다. 그 사람이 존재하는 한엔 끝이 있을 수 없기 때문입니다. 그를 혼자 있게 해서는 안 된다고 우리 안의 가장 깊은 마음이 일념으로 줄곧 외칩니다.

　피밭에 넘어진 그대

　가시 숲을 헤매는 그대

　혼자 있게 한

　모두 내 탓이네

　사랑을 읊은 시의 대부분이 위의 통념을 함께하고 있습니다. 그가 비록 강자나 부유자일지라도 사랑의 심정으로 바라볼 땐 위태하고 애처롭고 측은합니다. 심지어는 하느님을 대할 때조차 감히 가슴 저리게 애처로움을 절감할 수 있는 여기에 사랑의 민감성과 끝없는 순정성을 지적하게 됩니다.

작가의 말

  이 책은 이른바 '사랑시화집'으로 만들어보자고 이경철 주간이 제안해왔고, 이에 젊은 여성 화가 윤정선 씨를 내가 초청함으로써 이루어졌습니다. 하지만 그 어떤 사랑의 시도 사실은 사랑에 육박하지 못한 미완의 습작시일 뿐입니다. 그러하기에 진실로 사랑은 인류의 영원한 화두라고 할 수 있습니다.

  그가 있기에

  내 영혼을 스스로

  귀중히 여김

  이런 일이 그에게도

  일어나기를

  우리는 다만 이렇게 염원하고 기도합니다. 심지어 사랑이 아직 오지 않았거나, 왔으되 자취 없이 지워졌다고 여겨지더라도 그 부정 속에 사랑의 열망과 신뢰는 살아 있는 순열한 불씨이곤 합니다. 때문에 삶, 아니 우리의 출생부터가 신의 축복이며 한없이 귀중하고 고마운 것입니다. 우리 모두 살아가면서 이 말에 공감하고 찬동하리라고 나는 확신합니다.

김 남 조

※ 「사랑하리, 사랑하라」(2006년 출간) 작가의 글

2023년 김세중미술관 기획 시화전

사랑하리, 사랑하라

김남조 시 | 윤정선 그림
Kim Nam Jo Yoon Jeong Sun

2023. 3. 28. Tue - 5. 7 Sun

사랑의 민감함과 순정성으로

사랑은 정직한 농사

이 세상 가장 깊은 데 심어

가장 늦은 날에

싹을 보느니

사랑은 인내와 기다림에서 자랍니다. 이때 바람 드세어도 꺼지지 않을 믿음의 등불을 밝힙니다. 그러나 때때로 "사랑은 귀한 능력, 내겐 그 힘이 없다"고 비통하게 고백하면서 허약을 자인하려 합니다.

그렇긴 해도 물러섬이 아니고 어느 동안 멈추었다가 다시금 가던 길을 이어 걸어갑니다. 사랑이란 쉬어가기는 하되 필연 가고야 마는 먼 여행길입니다. 그 사람이 존재하는 한엔 끝이 있을 수 없기 때문입니다. 그를 혼자 있게 해서는 안 된다고 우리 안의 가장 깊은 마음이 일념으로 줄곧 외칩니다.

피밭에 넘어진 그대

가시 숲을 헤매는 그대

혼자 있게 한

모두 내 탓이네

사랑을 읊은 시의 대부분이 위의 통념을 함께하고 있습니다. 그가 비록 강자나 부유자일지라도 사랑의 심정으로 바라볼 땐 위태하고 애처롭고 측은합니다. 심지어는 하느님을 대할 때조차 감히 가슴 저리게 애처로움을 절감할 수 있는 여기에 사랑의 민감성과 끝없는 순정성을 지적하게 됩니다.

이 책은 이른바 '사랑시화집'으로 만들어보자고 이경철 주간이 제안해왔고, 이에 젊은 여성 화가 윤정선 씨를 내가 초청함으로써 이루어졌습니다. 하지만 그 어떤 사랑의 시도 사실은 사랑에 육박하지 못한 미완의 습작시일 뿐입니다. 그러하기에 진실로 사랑은 인류의 영원한 화두라고 할 수 있습니다.

그가 있기에

내 영혼을 스스로

귀중히 여김

이런 일이 그에게도

일어나기를

우리는 다만 이렇게 염원하고 기도합니다. 심지어 사랑이 아직 오지 않았거나, 왔으되 자취 없이 지워졌다고 여겨지더라도 그 부정 속에 사랑의 열망과 신뢰는 살아 있는 순열한 불씨이곤 합니다. 때문에 삶, 아니 우리의 출생부터가 신의 축복이며 한없이 귀중하고 고마운 것입니다. 우리 모두 살아가면서 이 말에 공감하고 찬동하리라고 나는 확신합니다.

김 남 조

※ 「사랑하리, 사랑하라」 (2006년 출간) 작가의 글

사랑하리, 사랑하라

아니라 하는가
사랑이란 말, 비련이란 말에조차
황홀히 전율 이는
순열한 감수성이
이 시대엔 어림없다 하는가

벌겋게 살결 다친
상처 무릅쓰고
가슴 한복판을 달리게 하는
절대의 사랑 하나
오히려 덧없다 이르는가

아니야 아닐 것이야
천부의 사람 마음
그 더욱 사람 사랑
새벽 숲의 청아한 그 정기를
누구라 막을 것인가

사랑하리, 사랑하라
그대의 순정과
그대 사랑하는 이의 순정으로
그 더욱 사랑하고, 사랑하라

차례

15	인사말	김세중미술관 기획 시화집
		『사랑하리, 사랑하라』를 출간하며
		김 녕 (김세중미술관 관장)

16	작가의 말	사랑의 민감함과 순정성으로
		김남조 (*『사랑하리, 사랑하라』. 2006년 출간)

88	시를 통해 가닿은 충만한 사랑의 가능성
	– 김남조 선생의 시적 여정
	유성호 (문학평론가, 한양대학교 국문과 교수)

100	아픔과 치유 의식의 순환적 구조
	김예태 (시인, 문학박사)

118	윤정선, 그리움을 담은 풍경
	김원영 (김세중미술관 학예실장)

122	시와 그림 목록
124	에필로그
126	김남조 시인을 추모하며

19	사랑하리, 사랑하라
23	먼 전화
25	따뜻한 음악
27	찬미의 강물
30	연
31	내가 흐르는 강물에
33	아침 기도
35	바람에게
37	연가戀歌
39	임
41	겨울 바다
43	참회
45	문
47	편지
49	동반자
51	다시 봄에게
53	너의 집
57	그대 세월
59	작은 만남
61	출발
63	저무는 날에
65	승천
67	겨울 사랑
69	소녀에게
72	촛불
80	사랑 초서草書

전화박스 앞에서   53.0 x 42.5 cm   Acrylic on canvas   2005

먼 전화

지도에서도 못 찾을
서름한 먼 나라에서
걸려온 전화,
어서 돌아오세요라고 했더니
햇살 반 소낙비 반 같은
모순의 웃음소리가
전화 목소리 걸어오는 길가에
좌르르 깔린다
왜 웃느냐고 물어보니
돌아오라는 그 말이
행복해서라나 뭐라나

반 년 만에 일 년 만에
잊을 만하면 걸려오는 전화
어서 돌아오세요라고 하면
그 말 한번 듣는
천금 같은 재미 탓에
못 온다나 어쩐다나

주홍빛 잔상   53.0 x 45.5 cm   Acrylic on canvas   2005

따뜻한 음악

바다 건너 더 먼 곳
그의 집으로 나는 가리
세월의 가룻발도 내릴 만큼은 내려
투명한 적설이 되었으리
그는 의자에 앉아 있고
어린아이가 하듯이
내 몸을 그의 무릎 위에 얹으리
한 생의 무게를 제상에 올리는
적멸한 예식에
온 세상 잠잠하리
그사이 흐르는 눈물은
눈물의 끝까지 흘리리라

이윽고 작별하여
나의 지정석으로 되돌아올 때
가장 따뜻한 음악 하나가
동행하여 오고
이후 언제나 언제나 울리리라

1996년 여름　　24.2 x 33.4 cm　　Acrylic on canvas　　2004

찬미의 강물

안다고 말하세요
사랑이 그대에게 왔을 때처럼
속마음으로 말하세요
눈과 얼음의 겨울 들판에
꿈꾸는 연초록빛 어린 보리들
돌 틈에서 치솟는 청옥빛 샘물
설목 사이사이 불을 켜는 동백

깊이 안다고 말하세요
가멸한 수평선 저 너머에서
바람 불며 바람 불며
문 앞에 와 계시는 손님
모두가 더운 가슴 한가운데에
물 긷는 두레박줄을 풀어 내리느니
물 담아 올리느니

웬만큼 슬프거나 외로워봤자
삶의 보배스러움 보배스러움
굽이굽이 찬미의 강물이라고
말하세요

한강공원　　112 × 324 cm　　Acrylic on canvas　　2020

연

연 하나 날리세요
순지 한 장으로 당신이 내거는
낮달이 보고파요

가멸가멸 올라가는
연실은 어떨까요
말하는 마음보다
더욱 먼 마음일까요
하늘 위의 하늘 가는
그 마음일까요

연 하나 날리세요
아득한 전생의 우리 집 문패
당신의 이름 석 자가
하늘 안의 서러운
진짜 하늘이네요

연 하나 날리세요
세월은 그럭저럭 너그러운 유수
울리셔도 더는 울지 않고
창공의 새하얀 연을
나는 볼래요

내가 흐르는 강물에

구름은 하늘이
그 가슴에 피우는 장미
이왕에 내가 흐르는 강물에
구름으로 친들 그대 하나를
품어가지 못하랴

모든 걸 단번에 거는
도박사의 멋으로
삶의 의미 그 전부를
후회 없이 맡기고 가는
하얀 목선이다

차가운 물살에
검은 머리 감아 빗으면
어디선지 울려오는

단풍나무의 음악
꿈이 진실이 되고
아주 가까이에 철철 뿜어나는
이름 모를 분수

옛날 같으면야
말만 들어도 사랑은 어지럼병
지금은 모든 새벽에 미소로 인사하고
모든 밤에 침묵으로 기도한다

내처 내가 가는 뱃전에
노란 램프로 여긴들 족하리라
이왕에 내가 흐르는 강물에
바람으로 친들
불빛으로 친들
그대 하나를 태워가지 못하랴

포옹하나 33.0 x 24.0 cm Acrylic on canvas 2006

아침 기도

목마른 긴 밤과
미명의 새벽길을 지나며
싹이 트는 씨앗에게 인사합니다
사랑이 눈물 흐르게 하듯이
생명들도 그러하기에
일일이 인사합니다

주님,
아직도 제게 주실
허락이 남았다면
주님께 한 여자가 해드렸듯이
눈물과 향유와 미끈거리는 검은 모발로써
저도 한 사람의 발을
말없이 오래오래
닦아주고 싶습니다

오늘 아침엔
이 한 가지 소원으로
기도드립니다

우울하게 핀 날 23   41 x 27 cm   Acrylic on canvas   2023

바람에게

이젠 예 와서
안식하려느냐 바람이여

줄곧 달리기만 하고
이별하기만 하고
누구도 못해낸 일
온갖 세상 혼자 다 보고 와서
피멍과 어지럼병 혼자 다 앓고 나서
성에 동산 얼음꽃나무
수정 알갱이들에
일일이 입술 대다
얼어버린 바람이여

헹구고 헹군
무명 빨래 같은 하늘
소금발 곱게 눈 내리는 날씨
이 안에 갇혀 처음으로
허리 펴고 누웠느냐

바람
바람
유리옷 입은 바람이여

그리움   33.0 x 41.0 cm   Acrylic on canvas   2006

연가戀歌

잠든 솔숲에 머문 달빛처럼이나
슬픔이 갈앉아 평화로운 미소 되게 하소서

깎아 세운 돌기둥에
비스듬히 기운 연지빛 노을 같은
그리움일지라도
오히려 말없는 당신과 나의 사랑이게 하소서

본시 슬픔과 간난艱難은
우리의 것이었습니다

짙푸른 수심일수록 더욱 붉은
산호의 마음을
꽃밭처럼 가꾸게 하소서
별 그림자도 없는 밤이어서 한결 제 빛에 눈부시는
수정의 마음을 거울 삼게 하소서

눈물과 말로
내 마음을 당신께 알리려던 때는
아직도 그리움이 덜했었다 생각합니다
지금은 침묵만이 나의 전부이오니

잊음과 단잠 속에 스스로 감미로운
묘지의 나무들을 닮아
축원 가득히 속에서만 넘쳐나게 하소서
사랑하는 이여

우울을 만나는 날   42.5 x 69.5 cm   Acrylic on canvas   2006

임

1
임의 말씀 절반은
맑으신 웃음
그 웃음의 절반은
하느님 거 같으셨다
임을 모르고 내가 살았더면
아무 하늘도 안 보였으리

2
그리움이란 내 한 몸
물감이 적시는 병
그 한번 번갯불이 스쳐간 후로
커다란 가슴에
나는 죽도록 머리 기대고 산다

3
임을 안 첫 계절은
노래에서 오고
그래 만날 시만 쓰더니
그 다음 또 한철은
기도에서 오고
그래 줄곧 손 씻는 마음

어제와 오늘은
말도 잠자고
눈 가득히
귀 가득히
빛만 받고 있다

푸른 새벽 밤 23　　42.5 x 69.5 cm　　Acrylic on canvas　　2023

겨울 바다

겨울 바다에 가보았지
미지의 새
보고 싶던 새들은 죽고 없었네

그대 생각을 했건만도
매운 해풍에
그 진실마저 눈물져 얼어버리고
허무의 불 물이랑 위에
불붙어 있었네

나를 가르치는 건
언제나 시간
끄덕이며 끄덕이며 겨울 바다에 섰었네

남은 날은 적지만
기도를 끝낸 다음 더욱 뜨거운
기도의 문이 열리는
그런 영혼을 갖게 하소서

겨울 바다에 가보았지
인고忍苦의 물이
수심 속에 기둥을 이루고 있었네

즐거운 만남   42.5 x 69.5 cm   Acrylic on canvas   2006

참회

사랑한 일만 빼곤
나머지 모든 일이 내 잘못이라고
진작에 고백했으니
이대로 판결해 다오

그 사랑 나를 떠났으니
사랑에게도 분명 잘못하였음이라고
준열히 판결해 다오

겨우내 돌 위에서
울음 울 것
세 번째 이와 같이 판결해 다오
눈물 먹고 잿빛 이끼
청청히 자라거든
내 피도 젊어져
새봄에 다시 참회하리라

걷다가   42.5 x 69.5 cm   Acrylic on canvas   2006

문

그들 먼 길을 갑니다

그간에 갖가지 일진과
여러 산하를 넘었습니다
그간에 누에 제 몸 헐어 풀어내는
명주 실타래 동이 나고
바슥바슥 떨구는
모래시계 억만 모래 낟알도
동이 나고

그간에 크고 작은
출입문을 지났으며
마지막 출입문도 지났습니다
거듭 말하거니와
마지막 출입문도 지났습니다

그들 먼 길을 갑니다
언제 어디엔가 그 다다르는 곳에
다음 세상이 열리는
문 하나 더 있겠지요

편지를 부친 뒤 42.5 x 69.5 cm   Acrylic on canvas   2006

편지

그대만큼 사랑스러운 사람을 본 일이 없다
그대만큼 나를 외롭게 한 이도 없었다
이 생각을 하면 내가 꼭 울게 된다

그대만큼 나를 정직하게 해준 이가 없었다
내 안을 비추는 그대는 제일로 영롱한 거울
그대의 깊이를 다 지나가면
글썽이는 눈매의 내가 있다
나의 시작이다

그대에게 매일 편지를 쓴다
한 구절 쓰면 한 구절을 와서 읽는 그대
그래서 이 편지는
한 번도 부치지 않는다

건널목의 이별 42.5 x 69.5 cm Acrylic on canvas 2006

동반자

야행 열차 흐린 전등 아래
그대 나와 함께 있었지
앞뒤 아니면 옆자리엔가 그대 분명
거기에 있었어

먼 길 오며 지친 몸 쉴 때나
사람 홍수 헤치며 별달리 다급하던
외로움에서도 설핏이
그대 모습을 보았어

일상의 망설임과
중심을 가늠하는 어눌한 궁리에도
누군가 도와주었어
가슴 안의 적막한 길을
누군가 지나갔어
바로 그대였어

이제야 내 삶의 무게 다 얹어
남김없는 상차림으로 바치노니
오랜 세월 나의 그 사람이던 이여
오늘은 백일하에
그대를 맞아
둘이 맞절하고 싶노니

다시 봄, 다른 봄날   91 x 116.7 cm   Acrylic on canvas   2018

다시 봄에게

올해의 봄이여
너의 무대에서
배역이 없는 나는
내려가련다
더하여 올해의 봄이여
너에게 다른 연인이 생긴 일도
나는 알아 버렸어

애달픈지고
순정 그 하나로
눈 흘길 줄도 모르는
짝사랑의 습성이
옛 노예의
채찍 자국처럼 남아

올해의 봄이여
너의 새순에 소금가루 뿌리려 오는
꽃샘눈 꽃샘추위를
중도에서 나는 만나
등에 업고 떠나고 지노니

우연한 만남　　132 x 160 cm　　Acrylic on canvas　　2008

너의 집

너의 집을 지어주마
사랑하는 사람아
은밀하여 누구도 못 찾을 곳에
이승의 쉼집을 마련해주마
동서남북 문을 내고
문들 사철 열어두는 집

살다가 살다가
세상이 손을 놓아 너 혼자인 날엔
문설주에 손자국 없이도
와 있곤 하겠느냐
한밤의 목마름과
못 고칠 미운 짓거리까지도
아아 너의 모든 것
예 와서 담겨주겠느냐

아무도 안 산다 싶은 곳에
바람은 능히 살고
아무도 안 온다 여길 때에
그리움 물밀듯이
너의 집에 너 머물면
내 하늘 절로 달밤이리

너의 집을 지어주마
사랑하는 사람아
옷고름을 풀 듯이
세상살이 골병들을 풀어버리고
엊그제 몸살도 지워버리고
쉬어라 쉬어라
설핏 보기만 해도 눈물나는 나는
그 집 울타리 둘러주마

바람이 불었다   45.5 × 53 cm   Acrylic on canvas   2018

하나는 너 나   42.5 x 69.5 cm   Acrylic on canvas   2006

둘은 그리고   42.5 x 69.5 cm   Acrylic on canvas   2006

그대 세월

그대 헐벗었던 유년기
전란의 소년기
돌을 져 나르던 청년기
불과 얼음이 번갈아 손을 잡던
형벌의 긴 장년기
그 풍진 다하여
마침내 보통 날씨
그대 초로初老

그러나
괜찮다 괜찮다 괜찮다
그 모든 세월에
허리 굽혀 절하는
여자 하나 있잖니

기다림   24.0 x 33.0 cm   Acrylic on canvas   2006

작은 만남

작은 만남이여
골짜기의 물꼬를 문득
이리로 돌렸네

한 다발 열쇠 꾸러미
자물쇠마다 열어놓으니
은밀한 내 마음 옷 벗은 채
반짝반짝 드러나고
바닥에 잠겼던 말들
생금가루 털며 솟아오르고

이를 어쩌나 어쩌나
작은 만남이여
저는 이름도 하나 없이
그나마 돌담 저켠을 서성이면서
내 눈 밝혀
내 마음 밝혀
실핏줄 하나까지 알게 하느니

작은 만남이여
놀랍고 가슴 아파라
작은 사랑이여

떠남   24.0 x 33.0 cm   Acrylic on canvas   2006

출발

남은 사랑 쏟아줄
새 친구를 찾아 나서련다
거창한 행차 뒤에
풀피리를 불며 가는
어린 목동을 만나련다
깨끗하고 미숙한
청운의 꿈과
우리 막내둥이처럼
측은하고 외로운
사춘기를

평생의 사랑이
아직도 많이 남아
가슴앓이 될 뻔하니
추스르며 추스르며
길 떠나련다
머나먼 곳 세상의 끝까지도
가고 가리라

남은 사랑
다 건네주고
나는 비어 비로소
편안하리니

대화   24.0 × 33.0 cm   Acrylic on canvas   2006

저무는 날에

날이 저물어가듯
나의 사랑도 저물어간다

사람의 영혼은
첫날부터 혼자이던 것
사랑도 혼자인 것
꿈꾸며 오래오래 불타려 해도
줄어드는 밀랍
이윽고 불빛이 지워지고
재도 하나 안 남기는
촛불 같은 것

날이 저물어가듯
삶과 사랑도 저무느니
주야사철 보고 싶던 그 마음도
세월 따라 늠실늠실 흘러가고
사람의 사랑
끝날엔 혼자인 것
영혼도 혼자인 것

혼자서 크신 분의 품안에
눈 감는 것

헤이스팅스 언덕 위에 앉아서　　45.5 x 53.0 cm　　Acrylic on canvas　　2004

승천

"사랑을 위해 죽는 여자를
당신에게 보여줄게요"
텔레비전 화면 안에서
절망한 한 여자가 즉시 죽었다
스스로 탄피를 부숴내고 폭발한
한 발의 탄환
그 여자가
아무 짓도 하지 않은 나에게
도전하고 승리했으며
내 안의 비겁자를 고발하여
재판도 없이 사형을 집행했다

그러고는
풋복숭아 빛깔의 소낙비를
잠시 퍼붓고
금빛으로 승천했다

Inner harbour　　20 x 50 cm　　Acrylic on canvas　　2004

겨울 사랑

겨울은 성숙한 계절
봄에 사랑이라 싶은 한 마음을 만나
망월望月의 바람 부풀더니
가을엔 그 심사 깊어만 져
모진 기갈에 시달렸지

눈 시린 소금밭의 짠맛보다도
더 매운 겨울 모래바람
수수천만 조각의 삭풍이 가슴 맞댄
이 찡한 돌거울에
눈꽃 송이송이 흩날리고
눈부시며 눈부시며
그대 보이옵느니

피가 설었을 젠
못 얻은 사랑
삼동 바닥 없는 추위에
무상無償의 축원 익혀
오늘 임맞이하네

뒷모습은 그녀   45.5 x 53.0 cm   Acrylic on canvas   2006

소녀에게

네게 드리마
소녀여 이 노래를 네게 드리마
눈벌에 피는
불 같은 동백꽃과
돌 속에 수를 놓는
보석의 화문

핑그르 눈이 젖는
고운 사모와
먼 성좌 애틋이 안겨오는
푸른 꼬리별
사파이어의 원광도

네게 드리마
소녀여 이 노래를 네게 드리마
풀숲에서 절로 배운
풀색 노래와
바닷가 절로 배운
물색 노래와
달밤에 절로 배운
달빛 노래를

소녀여
내 잃어버린 미소여

빨간 벤치가 있는 풍경　　130.3 × 162 cm　　Acrylic on canvas　　2007

촛불

1
촛불아
나의 어느 사랑 노래로도
노래 너머 더욱 가는
그 사랑으로도
나의 삶 전부로도
불타고 재도 없는
너를 못 이기겠다

2
환하게 환하게
내 영혼을 지나가는 이의
지나만 가시어도
눈물나는 이의
바람도 못 흔드는
주홍 옷자락

3
제 기름에 불붙이는
이 사람을
천지 만물이 겁을 먹고 지켜본다
신도 잠시 일손을 멈추신다
다 불타고 이승의 하직으로
검은 관에 못을 친다

4
절망 이상으로
힘센 불이여
불로 태워도 못 죽는
존재의 자력磁力,
사랑이여

5
음악과 둘이
저물도록 손 녹이는
촛불
아, 삼백 년보다 더 오랫동안을
몽매에도 생각나던 사람이
철철 넘치는 놀빛 의관으로
갑자기 현신이네

6
한 덩이 백랍
불 만나 기름 되고
맑아져 증류수 되었다가
다시 엉기어
기름 되고 백랍 되어
벗은 몸이 또 불붙네

7
옛날의
외롭던 사내아이와
외롭던 여자아이가
외로운 버릇대로 그냥 자라나
외로운 긴 세월 차례로 섬겨
이제도록 늦은 날에 만났습니다
촛불 한 자루 예 밝히오니
조물주신 어른
소람昭覽하옵소서

8
한 번도
여자를 안아보지 못한
신선한 이 서투름을,
아아 동정童貞의
불심지

9
물속 천길만길에
금두레박 타고 온 이는 없다
찬물찬물 밑바닥에
추워서 눈먼 여자
찾아준 이는 없다
너밖에는

10
지금 막
씻어 헹군 영혼일 땐
촛불 육신
가득한 방에
옷 벗고 혼자 든다

11
죄를 정화하며
사랑하는 지혜를
촛불은 알 거야
죄와 사랑이 피와 살처럼 짝지어진
사람의 숙명을
촛불은 민망히 여길 거야

12
겨울 나무는
등신대等身大의 촛불들입니다
금욕의 살결에
생피 붙은 인燐이
입맞춤했어요

13
승천한 촛불들은
별이 되었나요
별이 되어 밤새도록
빛의 비를 내리나요

14
나를 보려마
사랑의 할 말들은 끝낸
여자를 보려마
손안에서 시드는
차마 아까운
촛불을 보려마

15
면도날로
불송이 자르며 운다
잘린 불송이
서로 이어 붙는 거
한없이 눈물난다

16
몸 비추는
불빛일랑 말고
마음 비추는
불빛도 말고
너의 영혼 그 옆방의
빛그늘 되고 지고

17
용서받게 해 다오
용서받게 해 다오
절망보다 훨씬 암담한 소망을
열 손가락 소지燒指 살라
불제사 바치니
나를
받아주게 해 다오

18
천일千日을
보고 싶던 이
천일을 오시잖은 이
창호지에 여린 불빛 적시며
등불 설핏 비추면
천일 몇 갑절에도
나는 문 열을래

19
하늘에 올림을
너와 함께
하늘이 베푸심을 또한
너와 함께
이가 내 기도임을

20
불과 빛으로
노래 부르며
불과 빛의 연을 날리는
지순한
신선동자들

21
잠자려마
잠자려마
평생에도 잠 없는 순금의 눈시울
사랑처럼 고단한
아아 죽음에만 눈 감는
촛불

22
너만 울리진 않아요
혼자 노숙하겐 결코 못해요
촉루 모두
불이 되는 너를
나 죽은 후라도
투명한 내 몸이
안아줄 거예요

23
세월 다해 못 얻은
빈 그릇에
뭐라고도 못 나타낼 불향기로
서리는 너
후세상의 해그림자
지우는 너

24
둘의 영혼
다 열리옵고
그 다음은 촛불 같게 하소서
고요함과
불타는 일만을
알게 하소서

25
옛날도 오늘도
세계의 촛불들은 동일한 종교지요
하늘을 향해 불타고
하늘에
돌아갑니다

촛 불

1.
촛불아
나의 마음 사랑노래로도
사랑 너머 첩첩산길
비를 맞는 그 사랑으로도
나의 삶 전부로도
불타고 재도 없는 너를
붙잡지 못하겠다

2.
환하게 환하게
내 평생을 지나가는
저 환한 가시어도
눈물 나는 이의
바람도 못 흔드는
붉게 못 자락

엠볼리움   227.3 x 545.4 cm   Oil on canvas   2014

사랑 초서草書

1
사랑하지 않으면
착한 여자가 못 된다
소망하는 여자도 못 된다
사랑하면
우물 곁에 목말라 죽는
그녀 된다

5
소리 없이 내뿜는 샘물
소리 없이 엉기는 이슬
이쯤의 것이네
젖어서 전기가 와도
침묵 안의 것이네

8
말은 잔모래
물결에 쓸리는 돌의 포말
말로썬 못 가는 수평선에
이름으로 못 부를
사람 하나 있다

11
마음에 대답하는 마음
영혼에 산울림하는 영혼
이를 생각만 해도 나는 운다
굶주렸고 바보인
아이처럼

13
소리 지르게 쓸쓸한 이날
존재의 밑바닥에 시린 샘물에
큰 용서처럼 생긴
사랑 하나 빛나고 있다

18
새벽에 그가 온다
이날의 삶이 열린다
아아 둘의 가난이 만나
해로의 연분을 맺은 외엔
더 아는 것이라곤 없다

20
저무는 날 해 어스름
박명의 아름다움을 안다
안개 너머 벙그는
별들을 안다
사랑하기 전엔 몰랐던 빛들

25
정녕 내 사랑이면
그 영혼 안에 내 집 주시리
그 영혼의 세월 나눠주시리
정녕 내 사랑이면

29
석양 불지른 하늘이여
이 사랑, 한 제상으로 거두시면
첫날 흙 한 덩이의
영일寧日에 돌아가올 걸

32
더 아파야만이 사랑이래
더 외로워야만이 사랑이래
쌓을수록 남아도는
천형天刑의 벽돌

34
평생에 그 하나
손 안 댄 죄를
죄시으려면 그대와 나눠야지
마른날 불벼락도
그대하고 나눠야지

35
이젠 괜찮습니다
더는 없을 밑바닥에 떨어져
불의 밑불과
물의 밑물의
그 적멸 익힙니다

38

아무렇게나
우설雨雪에 젖어 온 두 사람이
서로의 추위에
공손히 입술을 대는
이 일이라니

39

내 말 그대 알지
그대 말씀 서럽게 닮은 거
나도 알지
평생에 말 없는 말
둘은 알지

41

귀신 붙은 사랑아
연금 불가마에
몇 달 몇 해 더 구우면
편안한 주물 되나

44

하늘이 못 주신
사람 하나를
하늘 눈 감기고 탐낸 죄
사랑은 이 천벌

48

사랑은 동천의 반달
절반의 그늘과 절반의 빛으로
얼어붙은 수정이네

50

열 손톱 숯이 되며
임의 산천 다 넘어온
새 천지개벽에
저승인가
임 먼저 와 계시네

51

고난의 땅에서만
만나는 신
사랑의 형장에 못 왔더면
영 못 뵈었을
나의 신이여

53

떫은 사랑일 땐
준 걸 자랑했으나
익은 사랑에선
눈멀어도 못다 갚을
송구함뿐이구나

63

사랑의 말은 없이
마지막엔 거기 가리라고 아는
고향의 산 같으신
당신

64

사람의 측은함을
사람끼리 돌보는 일
연분의 성좌마다
은하 흰 강이
물 대주는 일

68

최면되었을까
열 살쯤에서 이적지 못 깨어난
어리석고 기쁜
사랑의 최면술에

69

가시와 꽃들이
불타는 곳에
내가 재 되는 줄 알면서
아프면서 기쁘면서
그대와 불타는 곳에

73
갑자기 눈 떠
당신을 찾았다
내 양심의 한가운데서
급한 통곡과
긴 침묵 속에서

76
사랑은 전 인격의 서원
꼭 절명지처럼 생긴 땅
돌아 나와서
하늘 우러르면
이때 아느니

79
배고픔보다 더 서러운
해일의 그리움
땅에 버리면 실뿌리로 내리는
회생의 이 그리움

81
나는 백랍이니
불붙이거라
열두 겹 어둠에 감싸인 기름
한번 켜면 못 끄는 불
그대 부싯돌이면

83
사랑은 정직한 농사
이 세상 가장 깊은 데 심어
가장 늦은 날에
싹을 보느니

89
단 하나의 주형이게
청동으로 뜨고 피로 뜨고
끓는 백랍으로 떠도
자라는 사랑이게

90
고뇌로 닦아
눈 시리게 새하얀
사리이면,
혼신의 아픈 기도
별빛이면,

93
가장 아래에서
가장 경건하게 펴올린
연민의 두 팔에
하느님 안아드리듯
그대 한 번만

95
신 앞에서 저희가
동가同價의 반신이게 하소서
가난한 이들의 제상을
이에 올리옵니다

15.
누군가
네 영혼을 부르면서
나도 대답해
소름끼치며 처음 아는
영혼의 同朋

16.
이름없는 사람의
이름없는 思い籠에서
나의
글동아리

19.
내 임종에
성찬절 찬미가를
다 부르고 가는 사람을
영혼의 漁夫
主 그리스도를

47.
사람을 버리느니
사람에게 버림받게 하소서
사랑하기 사랑할 때
사람끼리
내가 먼저
사랑하게 하소서

63.
사랑의 말은 없이
바짓말에 거기 거리고리 앉은
정체의
山 같으신
당신

73.
갈리기 눈물
당신을 찾았더니
내 심신의 한가운데서
곱한 통곡에
측은한
긴 침묵 속에서

95.
사랑이 계시
사랑일 수 있음이
이미 보답이다
내게 이를 가르침을
당신의 힘이여

76.
사랑은
전인격의 誓願
꼭 絶命선처럼 생긴 양
돌斗 부러져
하늘 우러르면
예 있나니

92.
얼마나 멀리
내가 왔는지
너무 늦기 전에 지도 모를 遙照여라
내가 왔다
滿腔의 歸信으로

95.
神 앞에서
저희가 同價의 分身이게 하소서
이에 오리옵니다

98.
죽하기 전에
主 이미 주신 것
생명의 벗들
사랑
지금은 돛다고 마음 버려
더 주십으로

102.
내 영혼이
주님의 단맛드리게 하옵나니
로 高의 칼香을
이깟으로 할옵나니

사랑 草書

1.
사랑하지 않으면
착한 애지게 못 됐던
소망하는 여자도 못 됐던
사랑하면
우물결에 못말려 주는
그녀 된다

7.
탄생에 축복으로
만나라 헤어짐에 축복으로
죽음엔 더 축복으로
사랑에게
사랑으로 보내야 주소서
주여

11.
마음에 대답하는 마음
명혼에 산울림 하는 영혼
일을 생각만 해도 나는 울요
굴곡했던 바보인
아이처럼

51.
고난의 땅에서만
만나는 神
사랑의 제場에
이승 너머
영 못봤던
너의
神이여

53.
몇日은 사랑일 때엔
줄 결 지랑했으나
잊은 사랑했던
눈 멸어도 못네 같을
송구할 뿔이주네

54.
사랑
이상의 것은
사랑이지
하늘 위에 더 높을 건
하늘보다 하늘이지

47 19 16 15 11 7 1
76 75 73 63 54 53 51
102 98 95 92 87 83 78

78
漂白한 亞麻실처럼
희어하얀 외롭이 긴 마음은
이승 버려 저승 가는
지장 낯으 날에
落島살이나 사은별이에

83.
사랑은
정직한 農事
이상 가장 갚은데 심에
싹을 보니

87
돌의 잉태를
조의 숨결으로 이끌기도 하는
사랑 하나의
비상히
貴한 觸媒

시를 통해 가닿은 충만한
사랑의 가능성

김남조 선생의 시적 여정

유성호(문학평론가, 한양대학교 국문과 교수)

1.

　김남조(金南祚) 선생은 1927년 대구에서 태어나 일본 후쿠오카 규슈여학교를 마치고 서울대학교 국어교육과를 졸업한 후 1950년 『연합신문』에 「잔상」 등을 발표하며 등단하였다. 1953년에 첫 시집 『목숨』을 내면서 본격 활동을 하였는데, 특별히 가톨릭 신앙에 바탕을 둔 사랑과 생명의 세계, 모성과 평화의 세계를 지향하는 시편들을 많이 썼다. 『목숨』에서는 인간의 소중함을 받아들이고 생명에 바탕을 둔 열정의 세계를 노래했으며, 그 후로 『정념의 기』, 『겨울 바다』 등에서 그러한 세계를 더욱 감동 어린 형상으로 구축해갔다. 후기로 오면서 선생은 좀 더 사색적이고 근원적인 휴머니즘의 차원으로 나아가게 된다. 자신이 '사랑'과 '시(詩)'라는 지상명령을 받았다고 고백하면서 에로스와 아가페 모두를 탐구 대상으로 삼았다. 깊은 내면에서 끌어올리는 목소리로 삶에 대한 궁극적 긍정을 노래하였고, 유려한 언어를 통한 리듬과 잘 짜인 형식의 아름다움도 빼어나게 성취하였다. 그렇게 선생은 인간 영혼을 고양하는 원초적 힘을 노래한 한국의 대표 시인으로 각인되어갔다.

2.

　선생의 초기시는 생명의 존귀함을 기리는 데 줄곧 바쳐졌다. 선생이 보여준 따뜻한 인간 긍정과 생명 외경의 정신은 한국문학사에서 신앙에 토대를 둔 따뜻한 여성시인 한 사람을 탄생하게끔 하였다. 선생의 시편은 모국어의 부재와 전쟁의 폐허, 불우한 유년 속에서 시작되었는데, 초기시는 이러한 환경을 품으면서 인간에 대한 깊은 성찰, 고통 속의 치유, 영혼과 사랑의 미학을 구현해갔다. 특별히 『나아드의 향유』에서 선생이 관심을 쏟은 '막달라 마리아'라는 캐릭터는 죄와 통회(痛悔)의 성녀이며 예수의 전령(全靈)을 포용한 여인이었다. 가톨릭 교리에서 성모와 함께 구원을 표상하는 그녀는 선생에게 다가서기 어려운 교과서 같은 존재였다. 선생은 그녀를 통해 자신의 시세계가 발원할 수 있었다고 고백하였다. 소외받고 차별받았던 한 여인을 2천 년 지난 뒤 불러들여 성스럽고 아름다운 포용의 이름으로 세워준 것이다. 이러한 종교적 바탕 위에서 선생은 소멸과 생성, 죽음과 삶, 연민과 사랑을 양면적으로 투시하는, 한국 시의 가장 깊은 바닥을 보여주었다.

대표작 「겨울 바다」는 독백과 기도를 통해 현실의 허무와 절망을 딛고 일어설 삶의 의지를 갈구하는 내용을 담았다. 여기서 '겨울'이란 계절의 끝이며 소멸과 생성의 이중적 의미를 품고 있는 상징이다. '바다' 역시 소멸과 생성의 의미를 함께 가지고 있다. 먼저 '겨울 바다'는 소멸과 죽음의 공간으로 제시된다. 미지의 보고 싶던 새, 아름다운 꿈들은 사라지고 없으며, 매운 바람(시련)에 그대를 생각하는 사랑의 진실, 그 눈물마저 얼어붙을 것 같은 냉혹하고 절망적인 현실을 상징하는 공간으로서 '바다'가 제시된 것이다. '허무의 불'이 물이랑 위에 불 붙어 있었다는 이미지 구사는 매우 특이한 변증법적 상상력을 보여준다. 눈물마저 얼어버릴 듯한 공간에서 자신의 존재를 견딜 수 있는 것은 '불'뿐이다. 이는 그만큼 허무의 강도가 강렬함을 시사하는 비유이다. 이러한 절망적 현실 속에서 시인을 견디게 해준 것은 시간이었다. 이때 허무의 공간인 겨울 바다를 생성의 공간으로 탈바꿈시키는 것은 시간이 주는 예지였다. '끄덕이며 끄덕이며'로 표현되듯 시인은 인생을 긍정하는 쪽으로 변화된다. 그러므로 '겨울 바다'는 현실의 시련에 대한 인내를 얻기 위한 기도와 갈구의 공간으로 탈바꿈된다. '남은 날은 적지만'이 다시 반복되면서 이 시편은 시인이 인간의 유한성 속에서 진실한 생명을 추구하고 있음을 더없이 선명하게 보여준다. 또 다른 대표작 「생명」은 이러한 선생의 생명 시학을 완성한 실례일 것이다.

생명은

추운 몸으로 온다

발가벗고 언 땅에 꽂혀 자라는

초록의 겨울보리,

생명의 어머니도 먼 곳

추운 몸으로 왔다

진실도

부서지고 불에 타면서 온다

버려지고 피 흘리면서 온다

겨울나무들을 보라

추위의 면도날로 제 몸을 다듬는다

잎은 떨어져 먼 날의 섭리에 불려가고

줄기는 이렇듯이

충전(充電) 부싯돌임을 보라

금가고 일그러진 걸 사랑할 줄 모르는 이는

친구가 아니다

상한 살을 헤집고 입 맞출 줄 모르는 이는

친구가 아니다

생명은

추운 몸으로 온다

열두 대문 다 지나온 추위로

하얗게 드러눕는

함박눈 눈송이로 온다

  -「생명」 전문

추운 몸으로 와서 언 땅에서 자라는 것들을 틔우는 생명은, "겨울보리"의 푸르른 이미지로 거듭 살아나온다. 그렇게 "생명의 어머니"는 먼 곳에서 추운 몸으로 온다. 그때 겨울 나무들은 먼 날의 섭리에 의해 오히려 충전되어가고, "일그러진 걸 사랑"하는 힘으로 뭇 사물들은 스스로를 팽팽하게 만들어간다. "열두 대문 다 지나온 추위로/하얗게 드러눕는/함박눈 눈송이"는 바로 그 생명의 물리적 전조(前兆)로 뚜렷하게 살아온다. 이처럼 선생의 초기시는 생명 자체를 메타적으로 사유하면서 생명에 대한 근원적 외경으로 가득한 세계를 이루어갔다.

결국 선생에게 종교와 시는 생명을 감싸는 동시적 행위로서, 결국 삶으로 수렴되는 선명한 구조를 띠게 된다. 『사랑초서』를 발간하던 즈음에는 사랑이 중심적인 주제를 이루게 되는데, 초기시에서 보이던 들끓는 열정, 열병과 같은 그리움, 비탄과 절망 등의 감정적 차원은 극복되고 종교적, 정신적, 정서적 의미를 모두 포괄하는 보다 근본적이고 광범위한 영역으로 나아간다. 이때 선생은 삶의 근원이자 원동력인 사랑에 관한 지속적 천착을 통해 생의 존재론적 탐구에 노력을 기울이게 된다. 『동행』에서는 나무를 노래한 시가 많이 나타나는데, 선생은 봄의 나무들을 통해 모든 생명 있는 것들에게 부어지는 신의 자비와 축복을 발견하고 감사의 기도를 드린다. 이때 선생의 시에서 자연의 생명력이 지닌 놀라운 신비에 대한 환희는 일종의 신성한 세계로까지 확산되어간다. 이후 『바람세례』나 『평안을 위하여』 등은 선생 스스로 『동행』과 더불어 "화해와 쉼과 위로를, 그리하여 총체적으로 평안을 나누고자 제안하는 나 나름의 일관된 목소리를 담았다."라고 밝힌 바 있듯이 사랑과 평안에 대한 추구가 중요한 시적 주제가 되어가는 과정을 선연하게 담아내었다.

3.

『심장이 아프다』(2013)와 『충만한 사랑』(2017)은, 노경의 김남조 선생이 느낀 특유의 실존적 통증과 사랑의 양면성을 노래한 결실들이다. 순간순간 느꼈을 '아픔'과 '사랑'이 잔잔하고 충일하게 가득 출렁이고 있다. 하지만 선생은 그 깊고 애잔한 흐름 속에서 모든 존재자들이 서로 말 건네고 바라보는 상호 의존과 길항의 존재 방식을 단아하게 노래하였다. 이는 종교적 경건함과 신성 탐구 그리고 그것을 지상의 사랑으로 연결하고 결속해온 선생의 시학을 더욱 풍요롭게 만든 결과일 것이다. 원래 '거룩한 것'(the sacred)은 감각적이고 구체적인 실재와 따로 떨어져 구별되어 있는 것을 말한다. 가령 그것은 그 자체가 분리와 배제를 근본적 속성으로 가진다. 특히 종교적 거룩함을 엿본 사람은 배타적이 되기 쉬운데, 경험이라는 것이 준(準)절대적 성격을 띠기 쉽기 때문이다. 하지만 '성(聖)'이라는 것이 절대 개념이 아니고 상황에 따라 변이되는 상대 개념이라는 것에 눈뜬 이는 종교적 국량에서 그 폭이 매우 넓게 마련이다. 종교적 인간이 경험적 차원에서 존재하는 양식과 다른 존재이기를 바라는 것과는 다른, 세속에서의 다른 사람과 비교할 때 신성하다는 것이라는 것을 잘 알기 때문이다. 그 점에서 김남조 선생은, 종교가 인간을 억압하지 않고 풍요롭게 하며, 세속적 사랑과 함께 인간을 자유롭게 하는 양식임을 믿는 시인으로 우리에게 다가온다.

이제는 신께서 기도해 주십시오

기도를 받아 오신 분의

영험한 첫 기도를

사람의 기도가 저물어 가는 여기에

깃발 내리듯 드리워 주십시오

기습으로 사랑이 올 때보다

더 빠르게, 눈 몇 번 깜박이는 사이

죽음이 수만 명의 산 사람을 삼킨 일은

분명 착오였습니다

공포가 다녀가고

바늘 찌르는 외로움 사위고

희망이 바람 불다 뭉개질 때

하느님께서 그들을 품어주셨겠지요

아닙니까?

끝을 모르면서

끝의 끝까지 돌아나와

어질어질, 가물가물한 저희에게

최소한 이 한 말씀을

천둥 울려 주십시오

"내가 알고 있다

내가 참으로 다 알고 있다"고

오오 하느님

—「신(神)의 기도」 전문

    선생은 이제 신께서 기도를 해달라고 말한다. 2011년 일본 쓰나미 사태를 경험한 후 기도의 청자에게 발화자가 되어달라는 이 이색적 간청은, 그동안 기도를 받아오신 분의 "영험한 첫 기도"를 열망하는 선생의 간절한 마음을 담고 있다. 왜냐하면 선생이 보기에 '사람의 기도'는 이제 저물어가고 있고, 그때 비로소 신의 기도가 시작될 수 있을 것이기 때문이다. "사랑이 올 때보다/더 빠르게" 신의 기도가 임해 "눈 몇 번 깜박이는 사이/죽음이 수만 명의 산 사람을 삼킨 일"이 대단한 착오였음을, 그리고 공포와 외로움 속에서 희망이 사라져갈 때 "내가 알고 있다/내가 참으로 다 알고 있다"라고 말씀해주시길 간원하고 있는 것이다.

    결국 종교적 상상력에서 발원한 김남조 선생의 시편들이 도달한 궁극 지점은 치유와 구원의 테마일 것이다. 척박한 시대일수록 가치의 균열을 치유하고 극복하려는 시적 비전이 우리에게 절실해진다면, 선생의 시는 바로 이러한 치유와 구원의 비전을 구체적으로 드러내면서 둔 구도자의 시선을 내보인 결실인 셈이다. 일찍이 종교학자 틸리히(P. Tillich)는 "종교란 가장 넓은 의미에서 그리고 가장 근본적으로 인간의 궁극적 관심(ultimate concern)"이라고 말한 바 있는데, 김남조 선생에게는 그 '궁극적 관심'의 본질이자 대상인 '신'이 더없는 궁극적 존재로서 다가온다. 선생은 이러한 종교의 근원을 시 안에서 구현

하되, 그것을 생경한 언어로 번안하지 않고, 우리 삶의 구체로 수용하고 변형함으로써 깊은 실감과 감동을 선사해준 것이다.

내가 아프다고

심장이 말했으나

고요가 성숙되지 못해

그 음성 아슴했다

한참 후일에

내가 아프다 아주 많이 라고

심장이 말할 때

고요가 성숙되었기에

이를 알아들었다

심장이 이런 말을 한다

교향곡의 음표처럼

사람은 저마다의 음계와 음색으로

한 곡의 장중한 음악 안에 녹아든다고

그것은 심연의 연주여서

고요해야만이 들린다고

아픈 심장이 이런 말도 한다

그리움과 회한과 궁핍과 고통 등이

사람이 삶에 바치는 예물이니

이것이 바수어져 물이 되고

마침내 증류수 되기까지

아파야 한다고 한다

견딜 만하다고 한다

—「심장이 아프다」 전문

    여기서 말하는 '고요의 성숙'이란, 다른 언어를 알아들을 수 있는 최적의 토양을 함축한다. 그래서 교향곡 음표처럼 저마다의 음계와 음색을 가진 음악을 우리는 고요 속에서 들을 수 있을 것이다. 그것은 모두 "심연의 연주"여서 고요해야만 비로소 들리는 어떤 차원인 것이다. 그렇게 '그리움'과 '회한'과 '궁핍'과 '고통'을 예물로 바치는 삶은 아프고 아플 뿐이니, 선생은 그 아픔을 받아들이면서 비로소 견딜 만하다고 말하고 있다. 이처럼 선생의 시는 시인의 자기 인식 혹은 자기 구원의 테마를 완성하면서 경험적 주체와 시적 주체가 통합된 발화를 통해 자기 구원에 이르는 고전적 영역을 더욱 심화시켜온 것이다. 이때 '심장'이란 그러한 고전적 발화가 비로소 시작되는 곳이요, 최종적으로 안착하는 목적지의 은유라고 할 수 있을 것이다.

    4.

    김남조 선생의 근작들은 모든 생명체가 일정한 시공간에 존재하다가 그 물리적 유한성으로 말미암아 결국은 사라져간다는 엄연한 사실로부터 출발하고 있는 듯이 보인다. 다시 말해 그 어떤 생명도 그저 어떤 곳에 한순간 존재했던 것에 지나지 않는다는 불가항력의 시간이 바탕이 되고 있는 것이다. '영원성'이라는 것이 시간 구속 자체가 없는 지속성을 뜻한다고 할 때, 영원한 것은 하나도 없는 셈이다. 그만큼 영원성이란, 오로지 그리움의 대상이 될 만한 것에 대해 부여하는 상상적 존재 형식일 뿐이다. 김남조 선생은 이러한 영원성과 그리움의 원리를 시 안에 통합하고 그 안에 담긴 시간 형식을 통해 인간 존재를 근원적으로 사유하는 대표적인 시인이다. 이때 선생은 서정시가 본래적으로 가지는 영원성이나 근원성에 대한 탐구 의지에 지속적으로 근접해간다. 더구나 그러한 근원성을 직접적으로 추구하지 않고 사물이나 그 사물이 지나간 흔적이나 잔상(殘像)을 통해 탐색하는 모습을 보여줌으로써, 구체성과 형이상성을 통합하는 시간예술의 독자적 위상을 보여준다. 이러한 과정을 통해 선생은 삶의 엄연한 긍정에 이른다. 산문 「생의 보고서에 무슨 말을 담을 것인가」에서 선생은 다음과 같이 말한다.

> 첫째가 '사람을 만났다'이고 그다음은 '내가 사람이다'라는 말이 적혀 있어야 하겠다. 나뿐이 아니고 모든 사람의 삶은 사람인 누군가와의 만남에서 그의 기록의 첫 행이 쓰인다. 이 과정 후에 '나'라고 하는 자아의 발견에 도달하고 점차로 집요하고 고통스러운 자아의 감옥에 갇히게 된다. 이것이 모든 이의 삶의 유사성이며 인간의 본질임을 깨달으면서 서서히 평온해진다.

김남조 선생은 '사람을 만났다'와 '내가 사람이다'라는 말로 자신의 삶을 요약한다. 집요하고 고통스러운 자아의 감옥에서 벗어나 서서히 평온해진 노년을 고백해간다. 앞에서도 말했거니와, 그동안 선생이 노래해온 테마는 에로스적 사랑과 아가페적 사랑이 아스라하게 손잡고 있었다는 점에 뚜렷한 특징이 있었다. 그것이 연인이든 신이든, 선생의 시에서 사랑의 대상들은 무심한 사물이 아니라, 시인과 동일한 자의식을 가진 살아 있는 존재자들이었다. 그래서 선생의 사랑은 회귀적인 것이 아니라, 타자와의 상호 소통적 성격을 띠는 것이었다. 선생의 시세계에는 이처럼 사람에 대한 긍정 과정이 어김없이 반짝이면서, 사랑을 통한 궁극적 구원이라는 목표가 선명하게 나타나고 있다. 결국 선생의 시는 단아하고 경건한 목소리를 통해, 경험적 주체와 시적 주체가 통합된 발화를 통해, 궁극적 자기 완성에 이르는 고전적 영역을 한국문학사에 더욱 심화시켰다고 할 수 있다. 물론 이러한 특성은 오랜 시간 축적해온 선생의 안목과 역량과 성과를 말해주는 유력한 지표가 아닐 수 없을 것이다.

그대의 나이 90이라고

시계가 말한다

알고 있어, 내가 대답한다

시계가 나에게 묻는다

그대의 소망은 무엇인가

내가 대답한다

내면에서 꽃피는 자아와

최선을 다하는 분발이라고

그러나 잠시 후

나의 대답을 수정한다

사랑과 재물과

오래 사는 일이라고

시계는

즐겁게 한판 웃었다

그럴 테지 그럴 테지

그대는 속물 중의 속물이니

그쯤이 정답일 테지……

시계는 쉬지 않고

저만치 가 있다

―「시계」 전문

이 시편은 시간의 무게와 의미를 암시하는 '시계'를 제재로 택하고 있다. '시계'는 시인의 자연 연령을 일러주고 시인의 소망을 수시로 물어주는 삶의 동반자로 등장한다. 선생은 지금 가지고 있는 소망이 이를테면 "내면에서 꽃피는 자아와/최선을 다하는 분발"이라고 말한다. 그러나 곧 그 대답을 수정하면서 자신의 소망은 여전히 지극히 세속적인 세목들에 머물러 있다고 토로한다. '시계'는 어느새 그 대답을 긍정하면서 "그대는 속물 중의 속물이니/그쯤이 정답일" 것이라고 자못 여유 있게 반응해준다. 그렇게 '시계'는 시인과 "저만치"라는 거리를 둔 채 아득하고도 나란히 있다. 그렇게 선생은 인간의 실존을 사유하고 그 시간 안에서 유한자로 살아가는 인간을 성찰하고 또 긍정해간다. 이처럼 선생의 근작들은 '사람'과 '사랑'을 절실하게 희원하는 시간들이 미학적 문양으로 충만하게 번져오는 과정을 아름답고 절절하고 융융하게 담아내고 있다. 그리고 시집 『사람아, 사람아』(2020)에서 선생은 마침내 "'시여 한평생 나를 이기기만 하는 시여'라며 오늘에 이른 나 자신을 되돌아봅니다."(「시인의 말」)라고 고백하면서 찬연한 노을에 비낀 사랑의 노래를 부르는 경지에 이른다. 김남조 시학의 극점에서 비추는 섬광의 기록이 아닐 수 없을 것이다.

사랑 안 되고

사랑의 고백 더욱 안 된다면서

긴 세월 살고 나서

사랑 된다 사랑의 고백 무한정 된다는

이즈음에 이르렀다

사막의 밤의 행군처럼

길게 줄지어 걸어가는 사람들

그 이슬 같은 희망이

내 가슴 에이는구나

사랑 된다

많이 사랑하고 자주 고백하는 일

된다 다 된다

―「사랑, 된다」 전문

    선생은 사랑의 불가능성에서 사랑의 편재적 가능성으로 이월해온 과정을 인생으로 요약한다. 물론 사랑의 고백도 마찬가지다. 이제 선생은 사막에서 수행하는 밤의 행군처럼 길게 줄지어 걸어가는 사람들이 품는 "이슬 같은 희망"에서 가슴 에이는 사랑의 순간을 발견한다. 그러한 과정을 통해 많이 사랑하고 자주 고백하는 일이 다 된다면서 '사랑, 된다'라는 아름다운 시적 잠언을 완성한 것이다. 이러한 사랑과 구원의 테마가 '시인 김남조'의 상(像)을 아름답게 구축하게 해준 것이다. 다시 한 번 시를 통해 가닿은 충만한 사랑의 가능성과, 그러한 시세계를 보여준 선생의 오랜 시적 여정에 깊은 마음으로부터의 경의를 드린다.

아픔과 치유 의식의
순환적 구조

김예태(시인, 문학박사)

1 들어가기

2. 아픔의 인식과 그 양상

3. 치유 의식의 전개 양상

4. 나가기

1. 들어가기

그리스도교 신앙 안에서 나고 자라면서 신에 의존하여 생명의 에너지를 얻으며 사랑의 궁극을 보여준 김남조 시인은 독자적인 시의 세계를 구축한 대한민국의 대표적인 시인이다.

시인이 한평생 바라본 곳은 '신'과 '사람'과 '시'였다. 그는 시의 사역으로 사랑을 노래하였으니, 그리스도교 신앙의 환경에서 볼 때 이는 지극히 자연스러운 일이겠으나, 뜻밖에도 그의 문학에서 필자가 사랑보다 먼저 맞닥뜨린 것은 '아픔'이었다. 사랑의 전령사로 알려진 일반적 평가와는 달리 심층적이고 절박한 사랑의 동력 아래에는 언제나 그를 떠나지 않는 '아픔'의 문제가 내재하고 있었다. 아픔은 시인의 심연에서 제어하기 어려울 정도로 솟아올랐다가 어느 단계에 이르러서 일정한 치유가 이루어지는 듯하다가도 다음 단계로 나아가면 더 깊은 곳에서 시인 자신은 물론 인간의 본질적인 아픔의 문제가 솟구치는 일이 지속되고 반복되었다. '아픔'은 '사랑'과 함께 그의 시작 생활에 화인(火印)처럼 달라붙어서 한 몸처럼 동행하며 성장하였다. 특히 은총이라고 여기는 천부적인 민감성으로 하여 그는 보통의 일반적인 현상에 대해서도 깊이 아파하며 성찰하는 모습을 보이다가 후반기에 이르러서는 높은 정신세계로의 비약과 함께, 급격한 의식 차원의 진화를 보여주었다. 말하자면 시적 사유를 전면적인 인간 본연의 장으로 확장하여, 초월적 전일성의 태도로 의식의 단계를 확산시켜 나아간 것이다.

본고는 김남조의 시를 이해하기 위해서 정신심리학의 인식체계를 넓히고 변화시키는 데 일정한 기여를 한 켄 윌버의 자아초월심리학(transpersonal psychology)의 이론적 기틀을 활용하였다. 그는 인간의 의식 세계의 진화과정을 10단계로 나누었는데, 이 과정에서 탈중심화가 되지 않아 사회화가 어려운 1단계부터 4단계까지를 제외한, 나머지 5단계부터 10단계까지는 김남조의 시인이 보여주는 의식의 성장 과정과 대부분 일치하였다.

분기점 5의 시기는 타자에 대한 배려와 관심, 자비를 보이는 탈중심화된 세계 중심적인 목소리를 내기 시작하는 시기이며, 분기점 6의 시기는 자기의 중심이 비전 논리와 동일시되며, 글로벌한 조망이 현실적으로 상주할 수 있으나 그것을 구두선(口頭禪)으로만 말하지 않고 자기실현으로 드러내는 경향을 보인다. 분기점 7의 시기는 심령적 단계로 주체와 객체, 내면과 외부 사이의 구별이 없는 세계혼으로의 초월을 보여주고, 분기점 8의 시기는 우리 자신의 원형적 형상(Archetypal Form)이 신성한 예배신과의 합일 또는 융합을 이루어내는 유신론적 신비주의의 단계가 된다. 공(空)에서 주시하고 있는 '자기 즉 주시자'의 지각인식의 찰나적 확인이 가능한 비현현의 몰입이나 지멸(止滅)과 같은 자재적 의식의 상태는 분기점 9시기인 원인적 영역에서이며, 마지막으로 분기점 10의 시기는 비이원적 영역이다. 그것은 각각의 본성이며 모두를 초월하면서 동시에 포함하는, 의식의 전 스펙트럼을 포섭하는 단계이므로 개체가 온우주 속에 있는 것이 아니라 온우주가 개체 속에 있으며 개체가 바로 순순한 공(空)이므로 전체우주는 순수성의 빛이 된다(켄 윌버, 조효남 옮김, 『모든 것의 역사』, 김영사, 2016, pp.331-437).

"어차피 사람은 인간순리(人間順理)에 귀납(歸納)된다."[1] 라고 말하는 김남조 시인의 시들도 시간의 흐름에 따라 자기 치유가 가능한 순리적인 의식의 성장을 보이고 있었다. 말하자면 그림자, 실존, 에고와 같은 이원성의 문제들이 근저에 깔리면서 아픔의 근원으로 작용하며, 그가 자신의 특수성이라고 여기는 민감성이 통증의 밀도나 강도를 높여줌으로써 주체를 더 깊은 아픔으로 몰아간 뒤에, 더 근원적인 곳에서 그 아픔을 사유하는 방식으로 계속되는 아픔을 극복해간 것이다.

---

1. 김남조, 「여성과 문화」, 『아시아 여성연구』14, 숙명여대 아시아여성문제연구소, 1975, p.24.

그러므로 김남조 시인의 시세계에 대한 연구는 아픔(문제의식), 사랑(해결방법), 치유(의식성장)의 문제들이 기독교적 신앙관 안으로 녹아들어 인간 의식의 기초단계에서 최고의 경지인 온인간, 온우주에 이르기까지 성장하며 서로 융합되어가는 과정이 될 것이다.

2. 아픔의 인식과 그 양상

오직 정신만이 존재한다. 모든 것을 포함하고 비이원론적이며 모든 시간적인 현상의 초시간적인 배경이고, 혼란이 없는 합동이고, 관계는 있으나 이원성은 없는 실재이다. 우리는 삼라만상과 동일해지고 우주의 기본적인 에너지와 하나가 된다. 이것이 의식의 첫 번째 수준인 정신의 수준(Level of Mind)이다. (켄 윌버 『의식의 스펙트럼』, p.177)

이렇게 초시간적이며 선·악의 개념이 존재하지 않는 비이원의 세계에서 인간이 금기의 선악과를 따먹은 잘못으로 에덴에서 퇴출되었다는 것은 이원적 세계로의 진입을 의미한다. 이로써 인간은 유한의 세계에서 죽음과 출산과 노동의 고통을 겪고, 선악의 시비에 휘말리게 된다. 원죄의식을 극복하고 하느님의 영성을 되찾느냐, 타락의 수렁에서 빠져나오지 못한 채 죄의식에 시달려야 하느냐 하는 것은 전적으로 인간의 자유의지에 달려있다.

그러나 이원성에 의한 분리는 인류의 삶 전체를 관장하는 묘법이 되어, 오늘날 인간 사회는 분화될 만큼 충분히 분화되었다. 사람들은 이를 발전한 것으로 받아들이며 살아간다. 이원화를 나타내는 언어들은 처음부터 존재했던 것이 아니라 하나에서 분리된 한 쌍의 대비로써 성립된 것이다. 예를 들어 있는 것(有)은 없는 것(無)에 의해서 성립되고, 큰 것(大)은 작은 것(小)이 있음으로써 존재한다. 이원성에 의해서 성립된 것들은 단지 생각의 용어일 뿐 실제의 용어가 될 수 없다. 그럼에도 불구하고 인간은 그 허상에 가치를 부여하고 그것을 좇으며 살아간다. 분열된 세계 속에서 자기애나 자만심은 끊임없이 자아와 타인을 비교하여 불편부당함의 시시비비를 가리면서 결핍과 과잉, 오욕과 명예, 공정과 불공정과 같은 쟁점을 불러온다.

이제 인간은 환경과도 분리되어 환경에 맞서는 존재가 되어버렸다. 시간과 공간 안에 안주하지 못하고 이를 소유하고 관리하려 한다. 절망과 같은 실존 의식에 아파하면서도 이원성에 의한 분열은 쉽게 멈추지 않는다. 사람들은 이원화를 통하여 원하는 것을 얻을 수 있다고 여기므로 육체와 정신까지도 분리하여 이것을 각각 따로 가지고 있다고 여긴다. 3차 이원주의가 되겠지만 막강한 힘을 가진 에고가 정신과 육체 중에서 육체의 편을 들면서 그 자리를 대신하기에 이른 것이다.

이렇게 나타난 것이 에고의 단계(the Ego Level)다. 현실을 살아가는 인간은 대부분 에고의 지배를 받는다. 에고의 영향권 아래서 자아는 공정할 수가 없다. 에고의 활동이 활발하면 할수록 사람들 사이에선 에고에 의한 불공정에 대한 불평과 불만이 생겨나고, 서로를 견제하느라 인간의 삶은 소요와 분란으로 치닫게 된다. 결국 에고는 인간의 삶을 실존적 한계로 몰아내기에 이른다.

에고의 비극에 휘말리지 않기 위해 인간은 취약한 자아의 어떤 모습을 밖으로 드러내기를 꺼리는데, 이것이 자아의 무의식 속으로 숨어들면서 그림자가 된다. 이것이 그림자 단계(the Shadow Level)다. 자기를 감추려는 부정적 요인의 그림자는 수동적인 태도에서 나온 것이기 때문에 공격성을 갖지는 않는다. 이것은 투사를 통하여 일단 자아의 밖으로 나오게 되면 퇴색되거나, 자아와 다시 어울리면서 개체 속에서 완전히 사라질 수도 있다.

결국 인간은 정신의 낙원이었던 에덴을 잃어버리고 원죄의식, 이원주의, 실존, 에고, 그림자와 같은 문제의식을 끌어안고 살아가야 하는 힘겨운 세계에 놓인 것이다.

> 사랑하지 않으면/ 착한 여자 못 된다/ 소망하는 여자도 못 된다/ 사랑하면/ 우물 곁에 목말라 죽는/ 그녀 된다 (「사랑초서·1」, 『사랑하리, 사랑하라』, p.117)

> 사시사철 내 한평생/ 골수에 전화 오는/ 그대 음성// 언젠가 물어보리/ 죽기 전에 단 한 번 물어보리/ 그대 혹시/ 나와 같았는지를// (「상사(想思)」, 『사랑하리, 사랑하라』, p.40)

「사랑초서·1」은 양가성을 갖는 사랑의 속성을 보여준다. 시인은 사랑하면 착한 여자, 소망하는 여자가 되어 너와 내가 동지적 관계로 함께 성장하고 변모해 갈 수 있다는 이상적인 사랑의 의미를 짚어준다. 그러나 '사랑하면/ 우물곁에 목말라 죽는/ 그녀'가 된다면서 그것에 대한 경계도 함께 짚어준다. 이것은 김남조 시인이 '사랑'이라는 하나의 개념을 이원화시킴으로써 사랑이 일방향의 관계가 아니라 서로가 물 대주는 쌍방향의 관계임을 전하려는 것이다. 김봉군은 「사랑초서·1」을 두고 "이 시인은 지상에서의 갈구와 기원을 멈추지 않는다. '목숨' 같은 사랑과 좌절의 체험, 처녀 시절 천장에 그려 붙였다가 불사르고 만 천성도(天星圖)의 영상을 그리는 열모(熱慕)에 그의 자아는 목탄다. 그것은 에로스가 에로스에 그치지 못할 곡진(曲盡한 연유"(『국어교육』97, 382.)라고 해석하였다. 사랑은 사람 사이의 필연적인 아름다운 관계지만 그 사랑이 우주적인 세계를 관통하는 에로스가 되지 못하고, 필레오나 아가페의 상태에 머문다면 이 사랑은 사랑이라는 이름으로 자신을 구속하는 아픔이 되고 만다는 것이다.

「상사(想思)」의 주체자도 '너'에 대한 사랑의 감정이 차올라 무시로 환청을 듣는다. 사시사철 환청을 들어야 하는 나는 사랑 위에 굳건히 발을 디디고 있음일 텐데……. 혹시 그대도 나와 같았는지 죽기 전에 한 번은 물어보겠다고 한다. 왜? 왜 물어야 하는가? '사랑한다는 건/ 목숨을 주고받아야만 함인 줄로 알았던'(1시집 「만종」) 주체자의 사랑법에 의문이 생긴 것이다.

인류의 덕목 중 타자에게 가장 큰 힘을 발휘하는 '사랑'은 사회라는 구조체계 안에서 인격적으로 가장 완전하게 타인과 결합할 수 있는 길이며, 동시에 에덴의 복원을 가능하게 하는 비법이다. 그러나 '사랑'은 혼자서 해결할 수 있는 문제가 아니라 타인과의 '관계'에 의해서 작동된다. 그러므로 기독교에서도 사랑의 교제를 인간의 문제 중 제일로 여겨 '하느님과 교제하시는 존재(a communicative being)'라고 말한다. 그러나 하느님의 세계와는 달리 인간의 사회에서는 '너'와 '나'라는 사람 사이의 관계를 통해서 사랑하는 자아를 만들어 가는데, 이 관계는 인간의 심성心性이라는 대체로 굳건하지 못한 마음의 지배를 받기 때문이다. 그러므로 "부부는 일심동체가 아니라고… 영원히 하나가 될 수 없다고… 하나가 될 수 없는 너와 나의 다름이 곧 부부의 실존"(김병수, 『신철논형 1』, 기쁜소식, 2017, p.88) 임을 인정하라고 권한다.

이렇게 양자의 사랑에 균형이 깨지면 에고의 작동으로 사랑에 새로운 문제가 일어난다. '너'의 사랑이 부족할 때는 '나의 비존재성(nonexistence)에 대한 두려움'이, '나'의 사랑이 넘칠 때는 사랑의 불균형에서 오는 '끓어오르는 욕망'이 나를 아프게 한다.

하나의 깃발보다/ 둘의 깃발이 더 외롭고 심각하다/ 공중에 소슬히 당겨져 / 따로이 묶였으면서/ 온몸으로 마주 펄럭이다니// 옥양목 한 폭의 모세혈관이/ 올올이 거문고 울리는 게 분명해/ 노을을 가로지른 새떼가/ 진홍 깃털 그림자 흘린 걸로/ 온 가슴 문신 그은 게 분명해// 하나의 깃발보다 /둘의 깃발이 더 아프고 숙연하다/ 저들이 사람을 닮았거나/ 사람이 저들을 닮은 게 분명해// (「두 깃발」, 『사랑하리, 사랑하라』, p.106)

깃발로 표상되는 두 존재는 고독의 심연에 빠짐으로써 절실한 마음으로의 '사귐'을 간망(懇望)한다. '따로이 묶였으면서/ 온몸으로 마주 펄럭이다니' 양자의 동시적인 개현에도 불구하고 더 아프고 숙연해지는 느낌에서 시인은 한 장면을 떠올린다.

골고다 언덕 위 십자가에 매달려 처형당할 것을 알고 있는 그리스도와 그 앞에 마주 선 막달라 마리아. 이것이 하나의 깃발보다 둘의 깃발이 더 아프고 숙연한 이유다. 사랑을 전파하는 일로 죽음에 직면한 그리스도를 사랑했으므로 그의 죽음을 대면해야 하는 여인. 언어는 참으로 허약해서 언어로는 서로에게 고독과 불안의식에 대한 충분한 위로를 전할 수가 없다. 언어는 실로 불확실해서 헤아릴 수 없는 절대의 상실감, 절대의 고독 앞에 온몸으로 펄럭일 수밖에 없다. 노을을 가로지른 새떼가 흘린 진홍의 깃털로 가슴에 문신을 새기듯 그렇게 아프고 숙연해질 수밖에 없다. 시인은 실존의 한계에 놓인 이러한 고독을 두고 '천형의 병과 같은 오뇌의 화인'이라며, 이러한 고독이야말로 '내 삶의 앞날에 남겨지는 한 절대의 유산'(김남조, 「그래도 못다한 말」, p.129)이 될 것이라고 하였다. 그러므로 고독은 피해야 할 대상이 아니라 직시해야 할 대상으로, 시인에게 주어지는 존재 해명의 문제는 실존적 존재로서의 자기확지에 이르는 길이며 그는 그것을 온몸으로 익혀가고 있는 중이다.

3. 치유 의식의 전개 양상

일반적으로 치유는 개인적인 측면에서는 고독과 불안의식의 해소요, 사회적인 측면에서는 대립과 갈등의 요소가 사라지는 정신세계의 확장으로 이해한다. 켄 윌버는 인간은 우주와의 통합에 이르는 전일성의 경지로 발전되기 때문에 성장의 단계가 높아갈수록 존재는 아픔이나 무의식의 고통에서 벗어날 수 있다고 하였다.

아픔도 의식 세계가 진화하는 과정에서 근원적으로 생겨나는 것이므로 인간이 처음에 놓였던 일원성의 세계로 다시 돌아가는 것에서 해결 방법을 찾으라는 것이다. 따라서 치유의 장에서는 진화해 온 과정의 역순, 즉 그림자에서 실존으로, 실존에서 이원성의 극복으로 문제를 풀어가야 할 것이다. 그 과정에서 나타나는 이타적 활동이 에고 수준에서 자아의 무의식으로 숨어들어 잊고 있던 경향들이 투사에 의해 다시 기억되면서, 본래의 모습으로 스며들거나 통합되면서 동일시될 수 있다는 것이다. 실존주의의 경우에는 제1차, 제2차 주요 이원주의를 이해한 뒤에 '의지'라는 행위를 통해서 당면한 문제에 씩씩하게 맞서고, 운명에 굴하지 않으며, 나의 태도를 의연하게 선택함으로써 대처할 수 있으니, 이것은 실존주의가 인간에게 주는 의미인 동시에 가치이기도 하며, 이원주의 역시 절반의 투영으로 만들어진 것이므로 투영된 양상에 먼저 접근하는 것이 좋지만, 이원주의 자체가 그 자신의 의식의 양상이기 때문에 어느 쪽에서 접근하든 효과는 있을 것이라는 것이다.

그는 인간은 미래 세계를 변화시킬 수 있는 반성과 비전 논리(Vision logic)를 갖고 있다고도 하였다. 결국 치유는 외부의 문제들과 충돌이 없는, 하나 됨의 세계를 얻어가는 과정이므로 여러 문제에서 비롯되는 마음의 병을 다스려 나가기 위해서 자기중심적인 세계에서 벗어나는 행위, 즉 높은 수준의 자아의식으로 성장해 나가려는 의지를 확인하고, 자신의 심리 상태나 정신의 움직임을 관찰해 가면, 마음의 눈이 열리면서, 배려와 관심과 자비와 확신을 요구하는 켄타우로스의 이상적인 지향성을 보인다는 것이다.

> 남은 사랑 쏟아줄/ 새 친구를 찾아 나서련다/ 거창한 행차 뒤에/ 풀피리를 불며 가는/ 어린 목동을 만나련다/ 깨끗하고 미숙한/ 청운의 꿈과/ 우리 막내둥이처럼/ 측은하고 외로운/ 사춘기를// 평생의 사랑이/ 아직도 많이 남아/ 가슴앓이 될 뻔하니/ 추스르며 추스르며/ 길 떠나련다/ 머나먼 곳 세상의 끝이라도/ 가고 가리라// 남은 사랑/ 다 건네주고 / 나는 비어 비로소 /편안하리니 (「출발」, 『사랑하리, 사랑하라』, p.15)

김남조 시인은 내성(內省)을 가진 시인으로 신앙인으로 교육자로 사회에 기여하려는 비전을 소명으로 삼고 있다. 그는 예술이 인식이나 계시에서 올 수 있으나 그 기능은 다른 이의 마음을 어루만지는 치유에 있다고 믿기 때문에, 시의 형식논리에 치중하기보다는 시로써 실현되는 사랑의 윤리가 표출되어야 한다고 믿고 있다. '예술의 규범은 영혼의 감정들을 다스림에 있어서 유용.' (알랭 바디우, 장태순 역 『비미학』,이학사, 2010, p.15)하다는 바디우의 말처럼 독자들 또한 시인이 들려주는 말에 귀를 기울인다. '세상의 끝이라도' 찾아가서 '남은 사랑/ 다 건네주고/ 나는 비어 비로소/ 편안'해질 것이라는 '사랑 나눔'에 위로받으며, 시로써 실현되는 사랑 윤리에 흠씬 젖는 감동을 누리려고 한다.

> 겨울 바다에 가 보았지/ 미지의 새/ 보고 싶던 새들은 죽고 없었네// 그대 생각을 했건만도/ 매운 해풍에/ 그 진실마저 눈물겨 얼어버리고/ 허무의 불 물이랑 위에/ 불붙어 있었네// 나를 가르치는 건/ 언제나 시간/ 끄덕이며 끄덕이며 겨울 바다에 섰었네// 남은 날은 적지만/ 기도를 끝낸 다음 더욱 뜨거운/ 기도의 문이 열리는/ 그런 영혼을 갖게 하소서// 겨울 바다에 가 보았지/ 인고(忍苦)의 물이/ 수심 속에 기둥을 이루고 있었네// (「겨울 바다」, 『사랑하리, 사랑하라』, pp.78-79)

'겨울 바다'는 화자가 서 있는 자리를 볼 수 있는 현재의 시점이다. 이곳에서 바라보는 화자의 시간은 절망적이다. 미지의 새는 죽어서 사라지고, 그대를 향한 진실마저 얼어버린 허무의 자리다. 다행스러운 것은 시간을 대하는 화자의 태도다. 그는 시간 안에서 성장이 가능한 존재임을 긍정할 줄 알고 있으며, 그 시간에 의지하여 아픈 자아의 내부에서 변화를 일으키기 시작한다. 과거로부터 이어온 부정성을 긍정의 힘으로 바꾸겠다는 의지와 함께 기도에 기도를 더할 줄 아는 영혼의 부활을 희원하게 된다. 마침내 존재자는 겨울 바다에 인고(忍苦)의 물기둥을 세움으로써 하강하는 의식에서 상승하는 의식으로의 전환을 이끌어낸다. 그러나 아직도 그 바다에는 인고의 물기둥이 수심에 박혀있으므로 그의 앞에는 여전히 '매운 해풍'과 같은 현실적 어려움이 드리워져 있으므로 앞으로의 삶이 순탄하지만은 않을 것이다. 냉엄한 자기진단의 자리인 '겨울 바다'는 시·공간의 의미를 갖는 상징적 시어이면서 동시에 상승과 하강, 과거와 미래, 아픔과 치유의 광범위한 영역에서 양가성을 보이는 큰 시어이다.

> 아니라 하는가/ 사랑이란 말, 비련이란 말에조차/ 황홀히 전율 이는/ 순열한 감수성이/ 이 시대엔 어림없다 하는가// 발갛게 살결 다친/ 상처 무릅쓰고/ 가슴 한복판을 달리게 하는/ 절대의 사랑 하나/ 오히려 덧없다 이르는가//

아니야 아닐 것이야/ 천부의 사람 마음/ 그 더욱 사람 사랑/ 새벽 숲의 청아한 그 정기를/ 누구라 막을 것인가// 사랑하리 사랑하라 / 그대의 순정과/ 그대 사랑하는 이의 순정으로/ 그 더욱 사랑하고 사랑하라//　(「사랑하리, 사랑하라」, 『사랑하리, 사랑하라』, p.13)

마침내 시인은 문제를 해결할 수 있는 길을 찾았다. 에덴동산에서의 추방과 함께 분리된 아담과 이브, 나의 잃어버린 반쪽을 찾는 힘은 주체의 외부에 있는 것이 아니라 내부에 있었다. 죽음은 완전한 통일체가 되지 못하고 분리의 상태로 바라보아야 했던, 잃어버린 반쪽을 나의 의식 속으로 편입시켜 놓는 일임을 알았으므로, 이 시는 그 길로 가는 도정(道程)을 스스로에게 짚어주고 당부한다. 그 근거는 시의 제목에 있다. 화자는 '사랑하리'의 의도형어미 '-리'를 먼저 설정하고 그 뒤에 타자에게 '사랑하라'고 명령한다. 혹여 해결되지 못한 어떤 문제가 의식에 의해 통제되는 그림자로 남게 되더라도 시인의 소명이 모두 끝나는 날에는 '참나'의 의식 안으로 통합된 사랑의 문은 활짝 열릴 것이다. 그리하여 마침내 "이젠 괜찮습니다/ 더는 없을 밑바닥에 떨어져/ 불의 밑불과/ 물의 밑물에/ 그 적멸 익힙니다"// (사랑초서 35, 『사랑하리 사랑하라』, p.78) 라고 노래하기에 이른다. 하늘과 땅이 맞붙은 수평선으로 노을이 내리고 바다가 물들며 이제 곧 생멸이 오는 미래의 시간은 한평생을 신앙인으로 살아온 그가 여타의 이유로도 풀 수 없었던 실존적 사랑을 획득하는 심연의 여정이 될 것이다.

프리즘을 통과한 빛이 색색의 스펙트럼으로 드러나듯이 어떤 사랑을 마음에 굴절시키면 본질은 사랑이면서도 아픔으로 다가오는 심성이 있다. 이타성이나 민감성에 의해 창발되는 연민이나 원죄의식은 마치 프리즘을 통과한 빛인 듯 건강하고 아름답다.

가톨릭 미사 전례는 참회로부터 시작된다. "생각과 말과 행위로 많은 죄를 지었으며 자주 의무를 소홀히 하였나이다. 내 탓이오, 내 탓이오, 내 큰 탓이로소이다.……". 이 '내 탓이오'는 이원주의를 극복한 행위다. 그것은 타인에게서 비롯되었다고 믿었던 불편함이 바로 내가 뿌린 씨앗의 회귀임을 깨닫게 한다. 에덴동산에서 선악과를 따먹은 순간부터 시작된 이원주의는 자유의지에 의한 그대로 인식에도 작용을 한다.

"내 시의 색조도 변모해 가고 이에 따라 어휘도 달라진다. 사랑 대신에 연민이란 말을 쓰고 연가(戀歌)의 성질에서 기도가(祈禱歌)적인 분위기로 기운다는 논평을 듣게도 되었다"(김남조, 『그대 사랑 앞에』, 1987, p.155). 인간의 근원적인 아픔을 누구나 가진다고 깨닫는 순간부터 세계의 모든 인류는 연민의 대상이 된다. 그것은 사랑의 마음이 타인을 향해 열려있을 때 나오는 것이기 때문이다. 이부영은 "악의 대극으로서가 아닌 '절대선'을 분석심리학으로 말한다면 그것은 전체로서의 삶, 즉 자기실현"이며 인간이 이것을 "실현하지 않을 때 노이로제와 같은 정신의 해리현상을 일으킬 수 있음을 발견했고, 따라서 건강의 회복이란 자기 자신의 전체가 실현되어야 "(이부영 『분석심리학 C,G Jung의 인간심성론』, p.278) 한다고 했다.

연민 의식은 가장 높은 윤리의식이다. 김남조 시인은 자신의 시를 신앙시라 규정하며 "이처럼 거대한 비애, 이리도 성실한 자애를 다른 아무 데서도 찾을 수 없다. 이상한 산울림 같은 것이 사람의 영혼 안에 울려 퍼진다. 사랑과 연민이 한량없이 솟아난다"(『사랑의 말』1982, p.224)고 하였다.

시인은 우리가 살아가는 겨울을 성숙한 계절이라 부르며, 추운 세상을 살아내기 위해서 내면에서는 따듯한 불꽃을 피워 올려야 하며, 심장 안의 사람은 주체자에게 선의를 가르치기보다 추위를 보여줌으로써 연민의식을 불러일으킨다. 연민의식은 선의이며 타자를 향한 측은지심이다. 그들을 위해 피워올리는 불송이의 바탕은 사랑이다. 시인은 겨울을 사랑하기로 하고 "(전략) / 이 쨍한 돌거울에/ 눈꽃 송이송이 흩날리고/ 눈부시며 눈부시며/ 그대 보이옵나니// 피가 설었을 땐 못 얻은 사랑/ 삼동 바닥없는 추위에/ 무상(無償)의 축원 익혀/ 오늘 임맞이하네"(「겨울 사랑」,『사랑하리, 사랑하라』, p.98)를 한다는 것이다.

세계혼의 영성적 단계에 이르면 개인은 자기 감각이 해체되어 일시적으로 분리되는 자연 신비주의를 발견할 수 있다. 성철스님이 '산은 산이요 물은 물이다'라고 한 구절을 예로 들면, 각성한 의식 속에서 이완되고 확장된 채로 자연과 소요하며 산을 보고 있는데 어느 순간 바라보는 자는 없고 오직 산만 있어 자기가 곧 산과 물이 되어버린다. 자기와 자연 사이의 안과 밖이 아무런 의미를 지니지 못하며 주체와 객체 사이에 분리가 없어진다. 급격한 전환이라 생각하겠지만 이 자리가 바로 인간 중심의 편견을 벗어나서 모든 유정(有情)의 존재를 체험하게 되는 세계혼(the World Soul)의 단계다.

가스통 바슐라르는 인간의 내면적 시계가 확장되어 우주의 문제로까지 넓혀가는 것을 두고 '몽상'이라는 용어를 사용하면서 "고독한 몽상 안에서 우주적 몽상을 하는 자는 '관조하다'는 동사의 진정한 주체" (가스통 바슐라르, 김웅권 역, 『몽상의 시학』, 동문선, 2007, p.221)가 될 수 있다고 하였다. 김남조 시인 또한 이 단계에서 인간 중심의 편견을 버리고 자연을 자신의 내부로 받아들이면서 세계 혼이 깃들인 시 세계로 확장되기 시작하였다.

> 작살 꽂혀도/ 노래할 수 있는 거구나/ 가시관을 쓰신 하느님만큼은 아니어도/ 부상 입은 고래/ 상당히는 거룩하다// 숨 쉬는 섬/ 순식간에 태양의 피부를 찢고/ 너는 거기 나는 여기라고/ 바닷길 4킬로를 사이하고/ 낭랑히 교신하느니// 어느 힘센 파도로도/ 이 하나/ 대못은 뽑아주지 못해/ 검은 대리석 같은 근육에 / 깃봉처럼 박힌 무쇠 작살이라니// 피와 녹물 자국에/ 소금물이/ 석유불 불이련만/ 나는 여기 너는 거기라고/ 순도 높은 순정으로 높게 맑게/ 노래하는 고래/ 노래하고 노래하고/ 더 노래하라// 아아 사람인 고래//   (「즐거운 고래」, 『귀중한 오늘』, p.64)

주시자의 의식 안에서 고래와 주시자는 얼마만큼의 거리를 갖고 있을까? 어떤 것도 선택할 수 없는 막다른 정황에서 '노래하고 노래하고/ 더 노래하라// 아아 사람인 고래' 라고 읊조리는 주시자의 목소리에서 "내 몸에는 예수의 낙인이 찍혀 있습니다."라는 갈라디아서(6:17)의 마지막 권고 소리가 들린다. 고래는 진리이며 사랑인 하느님과 함께라는 결연한 의지로 죽음을 맞이함으로써 비로소 죄의 사슬을 끊고 자유로워질 수 있는 것이다. 그리하여 주시자는 창조주의 약속을 믿으며 '나는 여기 너는 거기라고/ 순도 높은 순정으로' 고래의 죽음에 동화되어 외치고 있다. 원죄 의식에서 벗어나는, 완전한 자유로 돌아가는 길, 이 여정에 동참하여 「즐거운 고래」를 노래하는 시인의 예술적 심안을 오래도록 바라본다.

김남조 시인은 "오래전부터 저는 이런 생각을 했습니다. 누가 내 시를 읽었을 때 내 시의 끝 구절이 절망적인 말이어서는 안 된다고요.(중략) 이런 말은 숨겨두어야 할 신앙고백이 될 듯하지만 백 년 가까이 살아오면서 내가 찾은 최고의 가치는 그리스도입니다."(「권영민과의 대담에서」, 『문학사상』 550, p.17)라고 밝힌 바 있다, 이는 시인이 시적 대상을 천착하는 심안의 출고지는 신앙이며, 사랑은 신앙을 구현시키는 동력으로 여긴다는 뜻이다. 「즐거운 고래」는 2008년 제1회 한국예술상을 수상하였다.

시인의 내면을 탐색해보면 「즐기운 고래」처럼 지상적 순례를 종결지음과 함께 천상의 구원이 이루어지는 동시성의 무의식적 의식상태를 종종 만난다.

「새」 또한 이러한 의식을 구현하는 대표적인 작품이다. 새를 논하는 수많은 인습적인 관념이나 이미지들은 그에게 전혀 문제가 되지 않는다. 가련함으로 동정심을 구할 필요가 없이, 찬란한 깃털에 고운 노래를 부르지 않아도, 따스하지 못해도, 육중해도, 흉하고 무개성에 심지어 적개심을 유발하여도 다 상관이 없다. 오로지 날아오른다는 본질만이 중요하다. 절대적인 순간에 날아오를 수 있다면 그것이 새를 새 되게 하는 것이다. 날아오른다는 것은 현존재가 초월적인 공간으로 상승하는 수직적인 이동을 의미한다. 기독교적인 상승과 초월을 상징하는 표상이다.

켄 윌버는 보통의 깨어있는 의식보다 더 심화된 분기점 8의 시기를 정묘적 단계라고 부른다. '정묘'에는 내면의 빛과 소리, 원형적 형상과 패턴들, 지극히 정묘한 지복의식의 조류(潮流)와 내면의 인식능력, 사랑과 자비가 확대되는 감성적 상태, 나아가 더 정묘한 병리적 상태까지도 포함된다. 이러한 포괄적인 신비현상을 유신론적 신비주의라고 일컫는데 그것은 우리 자신의 원형적 형상, 또는 신과의 합일의 상태를 수반하기 때문이다. 이 단계에서 나타나는 현상은 표상적으로는 쉽게 읽히지만 내재된 의미는 심오하여 오래 묵상할 필요가 있는데 김남조 시인의 후기시에서 주로 나타난다.

나무와 그림자는 서로를 바라본다. 빛에 나서게 되면 모습을 드러내곤 하는 그림자는 내면으로 숨어들어 제 모습을 감추고 있는 자아이다. 그것은 타인에게서 받은 상처에서 비롯될 수도 있고 스스로 열등하다고 느끼는 자신감의 결여에서 올 수도 있다. 어느 경우든 에고에 의해 숨겨진 잠재적인 자아의 모습이므로 그림자는 자아와 접촉하는 경우에만 문제를 해결할 기회를 얻는다.

「버린 구절들의 노트」(『심장이 아프다』, p.44)는 그림자 의식의 구체적인 현상을 제시한다. 치유가 되지 못했던 날의 고백, 절실해서 밀어낸 사람의 사연과 유혈 멎지 않아 버린 어휘들……. 끄집어내어 이야기했다면 바로 아물 수 있는 상처를 그대로 묻어두면서 자신도 의식하지 못하는 사이에 긴 날을 아파하며 살았을 수도 있다. 이제 그림자는 더 이상 웅크리고 있을 필요가 없다. 심약하고 겁이 많아 무의식의 바닥으로 가라앉혔던 그림자 자체를 의식의 일부로 받아들여 자신의 전체 속에 통합시켜놓은 것이다. 그림자는 자신이 잊어버렸다는 사실마저 잊어버렸다가 스스로 자신을 꼬집고 있다는 사실을 이해하게 되면 비로소 완전히 자취를 감추게 된다.

강갑회는 세계에 펼쳐진 자연현상이나 성서 등을 암호로 본다. "암호는 실존이 되려고 하는 인간에 의해서만 그 존재 방식에 따라서 암호로써 해독될 뿐이다. 그런데 실존은 초월자를 직접 대상적 지식으로 인식하지 못하므로 암호의 해독을 통해서만 감득할 수 있다."(강갑회, 「야스퍼스 실존적 사귐에 관한 연구」, 대동철학16, 2002, p.116) 고 하였다.

그대의 나이 90이라고/시계가 말한다/ 알고 있어, 내가 대답한다/ 그대는 90살이 되었어/ 시계가 또 한 번 말한다/ 알고 있다니까,/ 내가 다시 대답한다// 시계가 나에게 묻는다/ 그대의 소망은 무엇인가/ 내가 대답한다/ 내면에서 꽃피는 자아와 최선을 다하는 분발이라고/ 그러나 잠시 후/ 나의 대답을 수정한다/ 사랑과 재물과 오래 사는 일이라고/ 시계는 즐겁게 한판 웃었다/ 그럴 테지 그럴 테지/ 그대는 속물 중의 속물이니/ 그쯤이 정답일 테지/ 시계는 쉬지 않고 저만치 가 있었다// (「시계」, 『충만한 사랑』, p.120.)

제29회 정지용 문학상(2017)을 수상한 위 작품은 시인이 자신 앞에 펼쳐진 암호를 해독하면서 실존적 주체가 되어가는 과정을 보여준다. 시인은 시계라는 실체적 타자를 내세워 대화하는 형식으로 시간의 가시성을 부여한다. 독자는 대화 중에도 째깍, 째깍, 째깍 쉬지 않고 달려가는 초침의 소리를 들을 수 있다. 타자는 90의 나이에 이르렀다. 시에서 보여주는 나이 90은 현실의 나이가 아니라 시 속의 '참나'가 인식하는 시간으로 대화를 하는 중에도 서둘러 달려간다. 서정시에서의 시간은 작품 안에서 미학적으로 구성되는 예술의 내적 시간이다. '그대의 나이 90'의 설정은 시작부터 긴장을 불러오지만, '알고 있어'와 같은 대답을 아무렇지도 않게 거듭할 수 있는 의연함으로 해서 이미 내부에서는 실존의 문제로 인식되지 않는 시간이다. 시의 화자는 시간 의식을 완전히 극복한 초월의 상태로, '참자기' 또는 순수한 현존을 바라볼 수 있는 높은 수준의 의식에 닿아있다. 그는 소망을 묻는 시계에게 두 번 답한다. 처음에는 보편적인 이상론으로 대답했다가 다시 본능적인 욕망으로 답을 바꾼다. 새로운 답은 호불호(好不好), 정오(正誤), 선악(善惡)과 같은 이원론적 상차림을 깨끗하게 깨버렸다. 이제 그는 에고에 시달리지 않는다. 시간이 건강한 그를 두고 먼저 가고 있다. 밀착하여 즉각적인 자기의 인식을 바라보는 순간에도 주체와 객체는 하나가 되어있다. 참나의 여여한 상태, 일미의 본성이므로 그는 어떠한 경우의 상태라도 괜찮다는 말이다.

이렇듯 빛과 어둠을 있는 그대로 보여주는 원형에 가까운 시의 이미지들은 어떤 것은 어둠에 묻혀 있고 어떤 것은 빛 속에 있다. 그러므로 현현된 이미지들은 매번 하나의 암호가 된다.

> 플로티노스는 영혼의 전 영역을 활보할 때 차라리 편안함을 느끼며 전혀 걱정을 하지 않는다고 말한다. 변증법은 우리가 정신세계의 속성들 앞에서 주저앉아버리는 것을 용인하지 않는다(중략). 우리가 공통적으로 숭배하는 신은 '계시로 드러난 신일 뿐이지 정녕 계시자 자신은 아니다. 계시의 원천과 근거는 아직 제시되지 않았다. 지식의 근거 역시 우리에게 아직 알려지지 않았다. 그럼에도 그와 마찬가지로 선함, 진리, 아름다움의 보편적인 원천과 근거는 우리가 겪는 실존 및 우리의 지식 너머에 존재해야 한다.[2]

변증법은 우리가 정신세계의 속성들 앞에서 주저앉는 것을 용인하지 않는다. '신은 계시로 드러난 신일 뿐이지 정녕 계시자 자신은 아니다.' '계시의 원천과 근거는 아직 제시되지 않았다.' 산야에 흩어져 밟히고 묻힌 돌멩이들을 줍고 캐내야 돌탑을 쌓을 수 있듯이 낱낱으로 흩어진 김남조의 시들도 정신의 원형(原形)같은 것이 많아서 이들을 잘 읽으면 알아듣기 쉬운 목소리를 들을 수 있다.

켄 윌버는 [원형의 활동은 오직 개개인이 그것의 정교화 또는 확대에 협력하기를 거절할 때에만 병리적 결과를 만들어낸다]는 융의 말을 인용하며 "개인의 원형의 정교화에 협력한다면, 원형은 강력하고 유익하고 의미 있는 삶의 안내자 역할"[3] 을 한다고 하였다. 이러한 원형들은 인간의 의식 속에 특별한 의미를 갖지 않고 머물러 있다가 그것에 일치하는 어떤 순간을 만나게 될 때 활성화되어 새롭게 모습을 나타낸다는 것이다.

필자는 시인의 의도성이 있다, 없다를 논하기 전에 김남조 시인이 정신세계의 광영역을 포용한다는 점에 대해서는 의심할 수가 없다. 그가 보여주려는 시는 사람과 사람 사이의 경계를 지워버린 경우가 많은데 이의 이해를 돕기 위해 김남조 시인이 젊은 날 열독했던 『르 포르 선집 II』에서 한 구절을 인용해 본다

---

2 잉에, 랄프 윌리엄, 조규홍 옮김, 『플로티노스의 신비철학』, 누멘, p.515

3 켄 윌버, 『의식의 스펙트럼』, p.425

"여성적인 생명의 온갖 위대한 형상은 여성의 모습을 가리운다. 이러한 점에서 어떻게 그리스도교의 가장 큰 신비가 피조물 세계에 돌아옴에 있어서 남성을 통해서가 아니라 여성을 통해서 이루어졌는가가 명백해진다." (G. 르 포르, 『영원한 여성』, 성바오로 출판사, 1970, p.18)

빛의 비추임 안에서 마리아는 아기를 안음으로써 성탄의 고시(告示)를 알리는 은총의 어머니가 되고, 막달라 마리아는 가장 먼저 예수의 부활을 발견한 부활의 고시에서 성녀가 된다. 예수를 사랑한 또 한 여인은 갈멜 수녀원을 세운 대데레사 수녀. 모든 피조물을 초월한 완전성 안에서 그들은 거대한 헌신의 층계 그 꼭대기에 오른 이들이다. 이들은 모두 예수와 사랑에 빠진 이들로, 이후 이천 년을 두고 수많은 여인이 예수를 흠숭하였으나, 아직 누구도 이 여인들을 뛰어넘지 못하고 있다. 서정시의 본질은 자아로의 회귀이기 때문에 현실적 차원에서 자아와의 동일성을 보여준다. 이것은 김남조 시인이 머무는 현시점에서 자아를 재발견하거나 자아와 조화될 수 있는 통일된 세계를 보여준다는 뜻으로 시인은 현재 진정으로 '안녕'이 실현되는 곳에서 흔들림 없이 살고 있다.

예수님께서 순교 현장의 순교자들을 보시다가 /울음을 터뜨리셨다/ 나를 모른다고 해라/ 고통을 못 참겠다고 해라/ 나의 고통이 부족했다면 / 또다시 십자가에 못 박히련다고 전해라// (「순교」, 『사랑하리, 사랑하라』, p.17)

강하신 주님/ 주님께선 이기시고/ 저는 패하였습니다/ 하오니 이쯤으로 접고 주님과 제가/ 다시금 평온하길 바랍니다/ 주님께선 힘을 더 기르시고/저는 날마다 밤마다/ 지는 공부에 충실하겠습니다// (「기도 연습」, 『사랑하리, 사랑하라』, p.103)

위의 시는 김남조 시인이 너와 나 사이의 경계를 지우면서 일원성을 회복할 뿐만 아니라, 존재자의 내부에서 아픔으로 작용하는 요소들을 신의 품 안으로 통합시킴으로써 문제를 해결해 간 경우다.

예수의 위대한 힘은 대속에 있다. 그는 대속을 통해 구세주가 되었고 영생을 얻었다. 대속은 너를 위하여 나를 온전히 바치는 사랑의 결정이요 궁극이다. 그럼에도 예수는 순교자들에게 다시 말한다. 살기 위해 나를 버려라. 내 고통이 부족했다고 하면 다시 못 박히련다고 전해라. 아픔을 모를 때의 형벌과 낱낱의 공포와 통증을 알고 있을 때의 형벌은 다르다. 그런데 순교자들 또한 예수와 같다. 그들은 고초를 견디기 위한 기도를 강화하겠다는 결의로 맞서는 것이다. 서로가 서로를 위해 죽음을 선택하며 어느 쪽도 죽음을 두려워하지 않는다. 죽음으로써 '너'를 지키겠다는 사랑의 헌신만이 환한 빛으로 서로를 밝혀줄 뿐이다. 윗 시에는 주인도 없고 추종자도 없다. 원인을 제공한 사람도 없고 안타까운 희생자도 존재하지 않는다. 그곳에는 일체의 분열과 경계가 사라지고 오로지 생명의 존엄함과 그것을 지키려는 하나 된 가치만이 존재할 뿐이며, 그 가치를 좇아 너를 지키겠다는 서로의 의지가 굳건한 심지가 되어 사랑으로 불타오르고 있을 뿐이다.

> 내 의식의 터널을/ 느린 걸음으로 지나가는/ 저 사람 누구인가/ 내 한평생의/ 여러 밤낮이 다녀갔는데/ 「그래 여러 밤낮이 다녀갔지」 / 그 의식과 무의식의/ 통로를 거쳐 가는/ 저 사람 누구인가// 꿈인지 생시인지도 모를/ 「몰라도 좋을」/ 내 시공의 어디쯤에서 어디까진가를/ 왕래하는 저 사람 // 말없이/ 그러나 모든 소리와 울림이/ 그의 할 말인/ 저 사람/ 나의 누구인가// (「누구인가」, 『충만한 사랑』, p.152)

시 속의 순례자는 삶의 끝에서 펼쳐질 어떤 이미지를 미리 보고 있는지도 모른다. '열심히 달려온 경주, 라스트 라인에는 테이프가 걸려 있지 않다. 환호하는 관중도 없고 금·은·동메달을 건네주는 시상대도 없다. 무엇보다 달려오는 동안에 힘이 빠지고 어디가 도착지인지도 모르는데 도로는 앞서서 혼자 달리고 있다. 안개비처럼 영혼으로 스며드는 허무가 낡은 무명천처럼 걸린다.' 이때 한 편의 시가 들려주는 위로의 힘을 보게 된다. 내면에서 자신의 영혼을 찾아내려고 하는 경우에만 시의 의미가 중요시된다. '이것이 사람이 살아가는 일상이며 신께 바치는 삶의 예물이며, 삶은 진실로 이만한 가치라고.' 그 자리에서 쓰러지는 한이 있더라도 마지막까지 삶에 충실한 이만한 가치로 신께 예물을 드릴 수 있음에 그의 마음에는 평화가 깃드는 것이다. 조용히 안에서 들려오는 한 목소리를 듣는다. '수고 많았다.' 기도 또는 명상을 통해 '참나'에 다다른다는 것은 내부의 가장 깊은 곳에서 들려오는 '자기'의 목소리를 듣는 것이다. 본질에 다다른 사람만이 자기와의 순정한 대화가 가능한 것이다. 그는 오래된 실존의 문제, 죽음 의식을 풀어내며 마침내 신과 화합한 것이다.

천 번의 해돋이와/ 천 번의 해넘이/ 내 침묵의 천일쯤이 저물 무렵에/ 천둥번개가/ 단칼로 번득였다/「그대 생각을 많이 합니다」라고/ 그가 말했다// (「천일千日」, 『충만한 사랑』, p.43)

그리움 지나/ 그리움에게 간다/ 하늘 먼 포장에도/ 그리움이라 쓰여있다/ 온 세상에/ 그리움이란 글씨만 가득하다/ 나쁜 병이다/ 이런 병 걸리면/ 죽는 병이다// (「나쁜 병」, 『사람아, 사람아』, p.77)

인간에게서 빼버릴 수 없는 아픔이 있다면 그것은 자신의 마음에 붙박이별로 박혀있는 그리움일 것이다. 판상절리처럼 쌓인 의식의 단층, '침묵의 천일'은 부박한 마음들이 모인 것이 아니라, 삶 위에 삶이 천 개의 단층으로 쌓인, 축적된 생(生)에 대한 사유에서 나온 것이다. 한 생애를 다 쌓아 올린 뒤에 번개 치듯 불현듯 떠오르는 생각은 바로 그대 생각을 많이 한다는 것이다. '그대 생각을 많이 함'은 새로운 각성이다. 생의 끝자리에서 시인이 만난 현실이자 진실이며 그의 전부인 것이다. 빼버리면 버릴수록 온 세상은 그리움만으로 가득 차 버린다. 그리움에 젖어 그리움 자체가 되어버린, 닿을 수 없는 그리움으로 채워진 공간에서 자신을 달래주는 위로는 그리움은 '나쁜 병', '죽는 병'이라는 것이다. 그러나 그 언어들은 무게도 질량도 갖지 못하는 공허한 말뿐이니 그의 그리움은 결코 끝이 날 수가 없다. 「세월」에서 시인의 일행들이 지나간 '세월을/ 어수룩 밋밋하게 지껄일 때' 하느님이 '고작 몇십 년'을 가지고 그러느냐'고 했을 때, 사막을 만드신 하느님의 실존 앞에서 보면 인간에게 드리운 문제의 작고 가벼움을 보았다고 고백하였다.

이렇듯 김남조 시인의 시의 사역은 천형처럼 달라붙은 그의 임무였다. 전 생애를 통해 보여준 그의 시는 바로 신의 일을 따르는 길이었으며 그의 시 속으로 들어온 신은 그의 삶과 시의 정체성이 되어버렸다. 그는 예수께서도 이천 년을 두고 이와 같은 입장에 함께 있었으며, 대속을 위해 영원히 살아계심을 알고 있었다.

4. 나가기

지금까지 읽어온 바와 같이 김남조 시인의 시는 아픔과 치유의 순환적 구조에서 보이는 모든 지점을 짚고 있다. 말하자면 시인은 아픔만이 전부인 듯한 삶에서 시작하여, 아픔과 치유를 반복하면서 지속적으로 의식의 수준을 높여왔다. 생명이 있는 곳이면 숙명처럼 주어지는 아픔이 치유에 이르기까지 그가 성장하는 모든 과정에는 그의 종교적 세계관과 동서양의 고전이 만나면서 점점 더 높은 상위 차원의 좌표로 옮겨지고 있었다. 말하자면 아픔과 치유는 호혜적으로 동반성장을 함으로써 마침내 구원의 세계를 열어 보인 것이다.

신을 사랑하는 마음과 삶에 대하는 진실한 태도는 하나로서, 끊임없이 그의 작가적 역량을 높여주었으며, 이 성장은 그가 살아있는 동안 결코 끝날 수가 없는 것이었다. 그러므로 생활과 종교와 시 쓰기는 고통으로부터 그를 단련시키는 삼위일체의 스승이었으며, 끊임없이 지속되는 아픔의 길 위에는 시인의 글쓰기가 남긴 건강한 아픔이 치유의 총량이 되어 그의 시와 동행하고 있었다.

> 절대자로서 '하나'는 최초 원인이요, 선(善)으로서 그것은 존재하는 만물의 최종 목적이다. [하나는 생겨난 모든 것들의 원천이자 힘이다. 존재의 보다 더 완전함을 가리키는 '현실태'요, 존재를 이끌어내는 힘이다.] 플로티노스는 절대적 존재의 원인성에 대해 매우 명료하게 설명하고 있다. 그러나 정신세계와 현상세계가 '하나'와 함께 공존한다는 사실도 잊지 말아야 한다. (윌리엄 랄프 잉에, 『플로티노스의 신비철학』, p.530.)

거듭되는 말이겠지만, 시인의 시적 동력은 삶에 드리우는 '아픔'이었고, 신앙은 아픔을 극복할 수 있도록 방향을 잡아주는 나침반이었다. 사력을 다하여 시를 쓰며 정진한 것은 그의 삶이었으며, 시는 그의 삶의 기록물인 것이다.

이제 그의 시들은 모든 의식의 수준에서 각기 다양한 독자층을 가질 수도 있고, 어떤 개인의 전체적인 의식성장에 작용하면서 영향을 주는 치유의 작용을 하게 될 것이다.

윤정선,
그리움을 담은 풍경

김원영(김세중미술관 학예실장)

《사랑하리, 사랑하라》 전시를 본 관람객들은 시와 그림의 아름다운 조합이 어떻게 만들어졌는지 궁금해한다. 화가가 자신이 좋아하는 시의 이미지를 그림으로 표현한 것인지, 아니라면 어디에서 영감을 얻었는지, 시인과 화가의 첫 만남은 언제인지 그리고 이 전시는 어떤 의도로 기획되었는지.

시인과 화가의 첫 만남은 2005년 석남미술상(만35세 미만 젊은 작가에게 주어지는 상) 시상식장에서 이루어졌다. 김남조 시인은 석남미술상 시상식에 축사를 전하기 위해 참석했고, 그해 수상자로 선정된 젊은 작가 윤정선을 처음 만났다. 시인은 쓸쓸하고 고요한 감성을 담은 윤정선의 풍경 그림들이 마음에 스며들어와 다음 해 출간될 사랑에 관한 시선집에 윤정선의 그림을 싣자고 추천했고, 『사랑하리, 사랑하라』(2006, 김남조 시, 윤정선 그림) 시화선집이 간행되었다. 윤정선의 그림을 좋아했던 시인은 오랫동안 그의 작품 세계와 여정에 관심을 이어왔으며, 17년이 지난 2023년 김세중미술관 시화전을 통해 두 번째 만남을 갖게 되었다. 이번 《사랑하리, 사랑하라》 시화전은 김남조 시인이 엄선한 사랑에 관한 시 26편과 『사랑하리, 사랑하라』 시화선집(2006)에 수록된 윤정선의 그림 17점, 그리고 그 이후의 풍경 그림 10점이 더해지며 2023년 《사랑하리, 사랑하라》 전시가 개최되었다.

"나의 그림은 개인적 경험과 추억이 담겨 있는 장소들에 대한 기억을 채집하는 것으로부터 시작된다."

윤정선 작가가 데뷔하던 90년대는 개념미술과 설치, 미디어아트가 청년 작가들에게는 관심 대상이자 주류 전시로 대두되던 시절이다. 그럼에도 작가는 처음 화가가 되기로 결심

0704 11:39
72.7 x 60.5cm
Acrylic on canvas 2010

한 그대로 묵묵히 그리기에 열중하며 오롯이 화가의 길을 걸어왔다. 여행을 좋아하는 작가는 특정한 경험을 담은 장소를 관찰하며 풍경 사진으로 남기고, 당시 느꼈던 감성을 떠올리며 담백한 색채의 붓 터치를 통해 하나하나 기록하듯 화폭에 담는다. 일상의 기록 또한 작품 여정의 중요한 순간이 된다. 작가가 주로 풍경에 집중하는 이유는 스쳐 지나갔던 시간은 기억으로 남아 있지만, 그 공간은 모든 시간을 품으며 기억의 순간들을 지키고 있기 때문이라고 말한다.

"일상은 보통의 순간으로 구성된다. 지나가 버리는 보통의 순간을 특별하게 만드는 것이 무엇인지 고민한다."

이번 전시를 기획하며 윤정선의 스튜디오에 여러 번 방문하였고 그동안 작가가 거닐고 머물렀던 풍경 그림들을 살펴보았다. 90년대 초기 작품부터 2000년 중반의 서울, 런던과 베이징 유학 시절, 이후 작가가 본격적으로 도시 풍경을 탐색한 익선동과 삼청동 그리고 최근 레지던시로 머물렀던 제주도의 자연 풍경까지, 공간에 대한 작가의 관심은 여전히 일상과 주변의 이야기를 담아 윤정선의 풍경으로 재현되고 있었다. 전통 한옥마을 익선동과 삼청동은 작가에게는 어린 시절 자주 지나다녔던 추억의 골목길로 각인되어 있지만, 지금은 많은 사람들이 북적이며 방문하는 관광지가 되어 조금은 낯선 곳, 앞으로는 만날 수 없는 공간이 될지도 모른다는 막연한 아쉬움의 공간이 되었다. 당시 익숙했던 경험과 아련한 추억에 대한 감성을 소환한 작가는 여러 겹의 시간을 넘나들며 절제된 감정으로 건물의 일부분 또는 특정 부분만을 강조하거나 주변을 생략해가며 화폭에 담았다. 특정한 시간을 담으면 담을수록, 공간에 대한 기억을 떠올리면 떠올릴수록 점점 빈 공간으로 존재하게 되며, 작품을 보는 이는 작가가 마련한 옛 시절의 화폭 속에 자신의 이야기를 더하며 그 시간과 공간을 공유하게 된다.

이번 전시에는 2006년에 그린 빈 벤치가 놓여 있는 풍경 그림들이 많이 출품되었다. 오랫동안 해외 유학 생활을 경험한 작가는 낯선 공간에서 느꼈던 고립감과 외로움을 회색 톤의 적막한 풍경으로 표현했다. 또한 공중전화박스 앞 차단기, 빨간불이 켜진 건널목, 높은 울타리와 닫힌 문, 번화가 명동에 있는 성당의 평안함 등, 아무 일 없다는 듯 스쳐 지나가는 일상의 산책에서도 작가의 고독한 심리적 상태를 유추할 수 있다. 시와 작품을 한참 바라보고 있노라면 그 공간에 회복과 치유의 단서들이 남겨져 있다는 사실 또한 감지할 수 있을 것이다. 시인은 화가의 〈떠남〉에 「출발」의 의미를, 〈그리움〉에 「연가 戀歌」를 부르며 그 빈자리를 채워주고 있다. 정적과 고뇌의 흔적들 속에 강물은 고요히 흐르고 있고, 창문 밖 따뜻한 바람은 꽃잎을 날리고 있다. 언젠가 전화벨은 울릴 것이고 파란 불빛은 켜질 것이다.

"우리는 인상 깊었던 한순간을 오랜 시간 기억한다."

그날 겪었던 인상을 떠올리고 사건을 되뇔수록 기억은 중첩되어 복합적인 결과물로 발현된다. 윤정선의 풍경은 당시의 기억을 떠올릴 때마다 그동안 쌓아둔 시간의 축적으로 인해 가려진 기억이 소환되기도 하고 남아 있는 기억이 사라지기도 한다. 그곳은 한순간이 캡쳐된 정지된 공간이 아닌 현재진행형의 살아있는 풍경으로 존재하고 있다. 이번 전시를 위해 다시 재현한 〈푸른 새벽 밤 23〉(2023)에 대한 단상은 2006년에 보았던 〈푸른 새벽 밤〉(2006) 겨울 바다의 기억보다 좀 더 구체적인 형상과 밝은 색채로 새로이 탄생되었고, 〈우울하게 핀 날〉(2023)의 벚꽃은 2006년 그림의 앙상한 벚꽃보다 더 풍성하고 생생하게 활짝 피어 있다.

특히, 이번 전시에는 윤정선의 대작 2점이 출품되었다. 〈한강공원〉(2020) 작품은 한강공원에서 바라본 용산의 모습을 파노라마 형식으로 폭넓게 담은 풍경이다. 고요하고 잔잔하게 흐르는 한강의 물결 위로 저 멀리 하늘에 연을 날리고 있는 그림은 김남조의 시 「연」 그리고 「내가 흐르는 강물에」와 인연이 닿아 함께 전시되었다. 마치 두 예술가가 같은 하늘과 한강의 풍경을 바라보고 있었던 것은 아니었을까 하는 착각마저 들게 한다.

또 하나의 대작은 2전시실에 전시된 시 「사랑초서 草書」(1982)와 그림 〈엠볼리움

⟨embólĭum⟩⟩(2014)의 만남이다. 『사랑초서』는 사랑에 관한 짧은 시 102편이 수록되어 있는 김남조 시인의 제8시집이다. 윤정선의 ⟨엠볼리움⟩은 명동성당 사도회관의 밤 풍경을 그린 그림으로 성전으로서의 공간을 의미하기도 하지만, 작가는 중세시대 막간극이 펼쳐지던 연극무대로 소환한 작품이다. 전시장의 한 벽면을 가득 채운 시인의 「사랑초서」 육필시와 화가의 ⟨엠볼리움⟩ 풍경은 시인과 화가가 조우했던 그 세계로 관람객을 초대하며 신비로운 극적 체험을 선사한다. 전시 공간에 들어선 이들은 어두컴컴한 조명 아래 연극 무대를 바라보면서 무언의 배우가 되기도 하고 관객이 되기도 한다. 무대 뒤는 다음 장면을 위한 준비로 여념이 없겠지만 ⟨엠볼리움⟩에 켜진 가로등 불빛과 시인의 「촛불」 그리고 「사랑초서」를 통해 충만한 사랑과 평안으로 가득 채워진다. 윤정선의 풍경은 일상적이지만 정제된 이미지로 존재의 근원에 대한 그리움의 감정이 발현될 수 있도록 문을 열어주고 길을 내어주며 무대를 펼쳐주면서 함께 사유하고 공감하게 만든다.

엠볼리움 227.3 x 545.4 cm Oil on canvas 2014

전시 마지막 날 시인은 아침 일찍 미술관에 방문해 전시된 전체 시 26편을 한편씩 천천히 낭송하셨다. 마치 약속이라도 한 듯 같은 시간에 작가도 미술관에 방문했다. 이번 시화전은 그림을 사랑하는 시인과 시를 사랑하는 화가가 오랫동안 품고 있었던 사랑에 대한 감성이 시공과 세대를 초월하여 모두의 내면에 잠재적으로 존재하고 있다는 것을 확인시켜주었다. 《사랑하리, 사랑하라》 전시는 김남조 시인(1927-2023)의 생전 마지막 전시가 되었다. 시인이 이루고자 했던 사랑에 대한 의지와 사명이 담긴 《사랑하리, 사랑하라》 전시는 오롯이 시인을 기억할 수 있는 그리움의 풍경이 되었다.

사랑하리, 사랑하라
시와 그림 목록

먼 전화
전화박스 앞에서
53.0×42.5 cm
Acrylic on canvas
2005

따뜻한 음악
주홍빛 잔상
53.0×45.5 cm
Acrylic on canvas
2005

찬미의 강물
1996년 여름
24.2×33.4 cm
Acrylic on canvas
2004 개인소장

연 내가 흐르는 강물에
한강공원
112.0×324.0 cm
Acrylic on canvas
2020

아침 기도
포옹하나
33.0×24.0 cm
Acrylic on canvas
2006 개인소장

바람에게
우울하게 핀 날 23
41.0×27.0 cm
Acrylic on canvas
2023

연가戀歌
그리움
33.0×41.0 cm
Acrylic on canvas
2006 개인소장

임
우울을 만나는 날
42.5×69.5 cm
Acrylic on canvas
2006 개인소장

겨울 바다
푸른 새벽 밤 23
42.5×69.5 cm
Acrylic on canvas
2023 개인소장

참회
즐거운 만남
42.5×69.5 cm
Acrylic on canvas
2006 개인소장

문
걷다가
42.5×69.5 cm
Acrylic on canvas
2006

편지
편지를 부친 뒤
42.5×69.5 cm
Acrylic on canvas
2006 개인소장

동반자	다시 봄에게	너의 집

건널목의 이별
42.5×69.5 cm
Acrylic on canvas
2006

다시 봄, 다른 봄날
91.0×116.7 cm
Acrylic on canvas
2018 아트센터 화이트블럭 소장

우연한 만남
132.0×160.0 cm
Acrylic on canvas
2008

바람이 불었다
45.5×53.0 cm
Acrylic on canvas
2018

그대 세월 　　작은 만남 　　출발

하나는 너 나
42.5×69.5 cm
Acrylic on canvas
2006

둘은 그리고
42.5×69.5 cm
Acrylic on canvas
2006

기다림
24.0×33.0 cm
Acrylic on canvas
2006

떠남
24.0×33.0 cm
Acrylic on canvas
2006 개인소장

저무는 날에 　　승천 　　겨울 사랑 　　소녀에게

대화
24.0×33.0 cm
Acrylic on canvas
2006 개인소장

헤이스팅스 언덕 위에 앉아서
45.5×53.0 cm
Acrylic on canvas
2004 개인소장

Inner harbour
20.0×50.0 cm
Acrylic on canvas
2004

뒷모습은 그녀
45.5×53.0 cm
Acrylic on canvas
2006

촛불
사랑 초서草書

빨간 벤치가 있는 풍경
130.3×162.0 cm
Acrylic on canvas
2007

엠볼리움
227.3 x 545.4 cm
Oil on canvas
2014

Epilogue | 에필로그

책 읽는 모습   효창동 옛 집에서

효창동 옛 집에서 (출처, 『사랑초서와 촛불』 1974)　　　책 읽는 모습

미소짓는 시인

양초를 켜시는 모습 (1975)

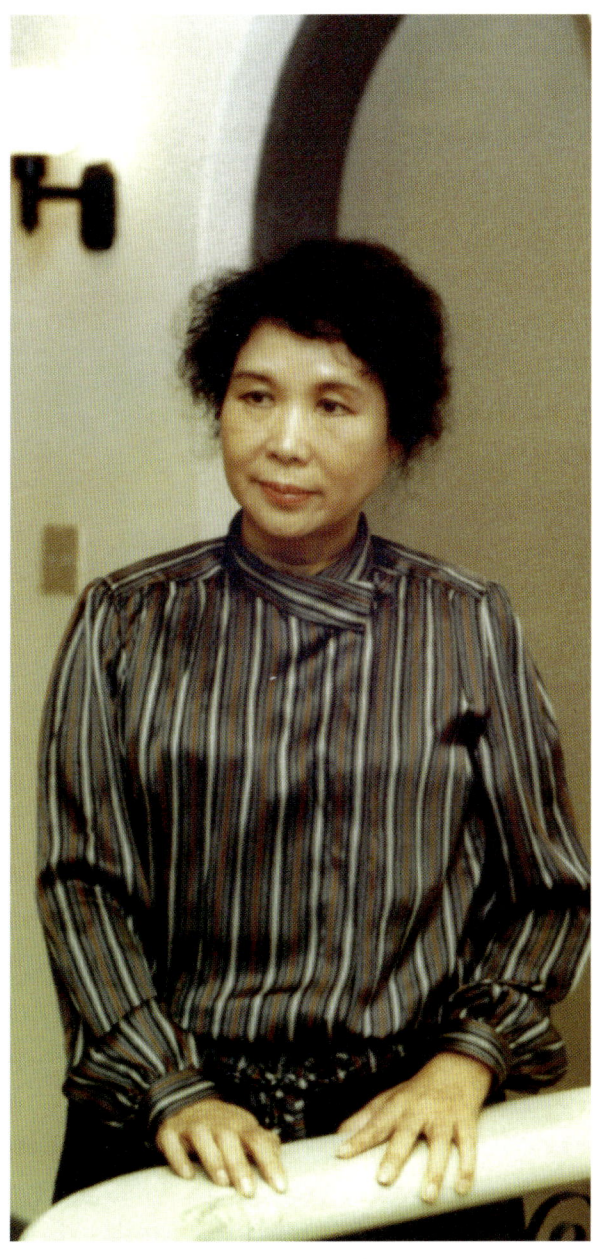

효창동 옛 집에서   출처. 『 김남조 』 2002, 문학과 사상사

숙명여자대학교 도서관에서

출처. 한국문학번역원

김세중미술관 카페에서 (출처. 우먼센스 2023. 8 김정선 기자)

'예술의 기쁨' 서재에서

김세중미술관 기획 시화집

사랑하리, 사랑하라

김남조 시 / 윤정선 그림

주최·주관 | 김세중미술관
총　　괄 | 김 녕 관장
기　　획 | 김원영 학예실장
학 예 사 | 김연윤
에듀케이터 | 김진호
원　　고 | 유성호, 김예태
디 자 인 | 시간의 별
편　　집 | 임송희
사　　진 | 김희선, 박현진 외
인　　쇄 | 재능인쇄

2023. 3.28-5.7 김세중미술관 〈사랑하리, 사랑하라〉 전시를 위해
귀한 작품을 대여해 주신 여러 기관과 개인 소장가분들께 감사의 인사를 드립니다.

초판 1쇄 발행 2024년 7월 31일

발 행 인 | 김 녕
발 행 일 | 2024. 7
발 행 처 | 예술의 기쁨
서울시 용산구 효창원로 70길 35
T. 02-717-5129, F. 02-716-5129
www.kimsechoong.com

등록번호 | 제 2024-000048 호
ISBN | 979-11-988015-0-0

ⓒ 예술의기쁨 2024

Copyright ⓒ 2023 by KIMSECHOONG MUSEUM, All right reserved.
이 책은 김세중미술관 기획 〈사랑하리, 사랑하라〉 시화집으로 제작되었습니다.
이 책에 실린 글과 사진 및 도판은 해당 저작권자 및 김세중미술관, 예술의 기쁨의 동의 없이 무단으로 사용할 수 없습니다.
그 외 출처가 불분명한 김남조 시인의 인물사진 저작권자는 발행처로 연락 바랍니다.